小金井キャンパスの風景

附属学校園の風景

附属世田谷小学校

附属小金井小学校

附属大泉小学校

附属竹早小学校

附属世田谷中学校

附属小金井中学校

附属竹早中学校

附属国際中等教育学校

附属高等学校

附属特別支援学校

附属幼稚園小金井園舎

附属幼稚園竹早園舎

東京学芸大学150年の歩み

1873–2023

Tokyo Gakugei University
150th Anniversary

国立大学法人
東京学芸大学 編

学文社

ご挨拶

国立大学法人 東京学芸大学 学長
國分 充

本書は、創基一五〇周年記念行事を担当している川手圭一副学長を中心とした東京学芸大学創基一五〇周年記念事業実施委員会の下に「編集ワーキング・グループ」を設置し編纂されたものです。これまで周年事業として、年史が編まれたことは二回ありました。ひとつは、二〇周年を記念してつくられた『東京学芸大学二十年史』（東京学芸大学二十年史編集委員会編、一九七〇年）で、副題に「創基九十六年史」とあり、頁数九五九頁からなるものです。もう一つは、五〇周年の際に作成された『東京学芸大学五十年史』（東京学芸大学創立五十周年記念誌編集委員会編、一九九九年）で、「通史編」と「資料編」の二分冊からなり、総頁数一二二七頁に及ぶものです。写真をご覧いただければおわかりのように、いずれも箱入りの堂々たる成書です。

これらの先人の出された本の構成を見ますと、『東京学芸大学二十年史』は、二部構成となっており、新制大学の二〇年を最初の部分とし、その後に戦前の部分がおかれています。五十年史では、戦前部分は、構成部分にはなっておらず、新制大学の五〇年だけが記述されています。こうした編集の仕方は、新制大学たる本学と戦前の師範学校とがつながっているのかどうかということは微妙とも言えるということの他、師範学校は戦前の軍国主義国家日本をつくった淵源とされ、新制の教員養成大学が出発した当時は、師範という言葉はもちろん、教育という言葉すら大学の名称に用いることが憚られたというような事情も意識した結果なのではないかとも思います。それらに対し、今回の年史は、「東京学芸大学一五〇年の歩み」というタイトルからおわかりいただけるように、本学の歴史が、初めて、戦前の師範学校時代からずっと通して描かれることになりました。師範学校時代も、本学の歴史に含み込むような視点が、前書からこの間に、形づくられてきたということだと考えます。

また、本書の編纂にあたっては、本学の歴史学・教育学などを専門とする研究者が協力して執筆を行いました。執筆陣には、日本近現代史、中国史や教員養成史を専門とする歴史家、また、博物館学のような歴史的遺物を展示することをその専門の一部とする本学教員も含まれており、こうした適材を得て、これまでの年史とは異なる構成の本書が可能となりました。

この年史により、本学が、〝有為の教育者の養成〟という使命を粛々と果たしてきた姿が、先行のふたつの書物同様に明らかになるものと思います。また、本学は、創基一五〇周年とほぼ時を同じくして（前年の二〇二二年）、教員養成フラッグシップ大学の指定を受けました。このことは、今後の東京学芸大学の形を決めていく本学の歴史上重要な画期になると、私は考えています。この指定も含めて、本学が、時代時代に合わせながら、〝有為の教育者の養成〟という使命を、今後も変わらずに営々と遂行していくことを、期待し、かつ、信じつつ、創基一五〇周年を記念する本書のご挨拶とさせていただきます。

本書の刊行にあたって

創基一五〇周年記念事業実施委員長
川手　圭一

東京学芸大学は、二〇二三（令和五）年に創基一五〇周年を迎える。本学は、第二次世界大戦後の一九四九（昭和二四）年に国立学校設置法に基づいて創設されたが、その前史は、一八七三（明治六）年の東京府小学教則講習所設置に遡る。本学の歴史は、すでに「創基九十六年史」という副題のついた一九七〇年刊行の『東京学芸大学二十年史』、そして一九九九年刊行の『東京学芸大学五十年史』によって克明かつ体系的に記されてきた。

それら労作に加えて、このたび創基一五〇周年事業の一環として、改めて「一五〇周年史」を編纂・刊行することとした。それは、國分学長の「ご挨拶」にあるとおり、単に『五十年史』以後の空白を埋めるというだけでなく、戦前師範学校以来の本学一五〇年の歴史を連続的に捉え、これを学生にわかりやすく伝えることにより、本学の歩みに重なる日本の教員養成史を理解し、本学で学ぶ意味を考えてほしいという願いからである。

先の創立五〇周年（一九九九年）の折、「創立五十周年記念会」会長の任にあったのは、一九七九年から一九八五年にかけて本学の第六代学長を務めた阿部猛であった。阿部元学長のたどった足跡は、本学一五〇年の歴史が戦前の師範学校時代と戦後の新制大学時代に大別できるとすれば、まさにその結節点に位置したといえる。日本古代・中世史研究者としても著名な阿部先生は、学長職を終えた後、晩年には本学学生たちと机を囲んで学問的議論をすることを望まれ、週に一度夕方になると大学の自主ゼミに姿を現した。同じ歴史学の教員である私は、幸運にも毎週ゼミ前の阿部先生に研究室でお茶を出しながら、先生の語る師範学校時代の様子、戦中から戦後の教育の激変、戦後の大学での研究、そしてわが東京学芸大学の歩みに耳を傾けることができた。

阿部先生は、第二次世界大戦末期の一九四四年、本学の前身である東京第一師範学校（本科）に入学した。しかし戦況は日本の敗色濃厚となる中で、師範学校生たちは勤労動員にかり出され、先生もまた海軍航空隊基地で建設作業に従事する。同じ師範学校生たちの戦死に直面し、志願して陸軍予備士官学校に入学したものの、間もなく敗戦となり、一八歳にして先生の第二の人生が始まった。生き残った者は何をすべきかを考え、師範学校を卒業して小学校の教員になった先生であったが、勤労動員で勉強できなかった学力不足に悩み、大学に入り直し、歴史の研究を始めた。そして北海道学芸大学釧路分校勤務を経て、一九六七年から東京学芸大学で教鞭を執ることとなったのである（『歴史家が語る戦後史と私』一九九六、他）。

一九七九年本学学長に就任するにあたり、阿部先生は学生たちに次のように語っている。

私がひとつ覚えのように申してきたのは、「実力のある大学」をつくろうということです。幸いにして本学には、それぞれの学問の分野でのすぐれた教官を多数擁しており、学生諸君の勉学の指導には事欠かぬ態勢が整っています。もちろん、研究・教育のための施設・設備の充実は緊要のことであり、これにも十分な努力を傾けなければなりません。しかし、つまりは、「大学は人なり」と私は思っています。これを単純な精神主義と誤解されては困るのですが、結局は、すぐれた先生と学生、これが要であると思っています。

そして、「学生諸君に望みたいのは、自ら志をたて、自ら学びとる自学自習の精神」だと呼びかけて、最後にこう結んだ。

「石を積んで城を築く」―私はこの言葉が好きです。たとえば姫路城のような見事な城郭です。近くで見ると、あの石垣を構成している大小無数の石、これが寄り集まって、見事な城を築く土台になっています。私たちは、辛抱づよく、ひとつ、またひとつと石を積み重ねて城を築く努力を続けていかなければならないのです。

（『東学大キャンパス通信』第七〇号、一九七九）

今から四〇年以上も前の言葉である。そこには、当時の本学が進む方向性とも符合した気概が満ちあふれていた。

しかし、この阿部学長就任の頃から、教員需要は次第に厳しさを増し、本学学生の教員採用試験の合格者数もまた激減することとなった。一九八六年六月、臨時行政改革推進審議会は、国立大学の再編成推進について、「特に、最近の需給状況にかんがみ、医・歯学部及び教員養成学部等の入学定員については、速やかに見直しを行う」ことを求めた。そして同年七月には文部省から、教員需要の長期的な減少と将来的な変動に対応するため、国立教員養成系大学・学部の再編のあり方が示される。これを受けて、本学の中では、「教養系」設置の準備が進み、それがその後の「教養系」、そして現在の「教育支援系」へとつながるのである。それはまた、新たな本学の展開の始まりでもあった。

これらは、本学のたどった一五〇年の歴史を、第六代阿部猛学長という戦前から戦後への転換点を生きた先人に即して垣間見たときに映し出される本学の姿の一つである。むろん、本学の歴史は、以下、本書で述べるとおり、それにつきるものではなく、他にもいくつもの節目となる転換点があった。そこには、この本学の歩んだ変遷とともに、その中で生きた学生、教職員の姿がある。今に至る本学一五〇年の歩みを、ぜひ本書から読み取って、本学での学びにつなげてほしいと願うものである。

凡　例

一　本文の記述には、原則として常用漢字、現代仮名遣いを用いた。ただし、歴史的用語や固有名詞、学術用語についてはこの限りではない。

二　敬称は省略した。

三　年代の表記は、旧暦を使用していた明治五年一二月五日までは和暦を使用し、太陽暦への改暦以後は基本的に西暦を用い、（　）で適宜和暦を補った。

四　地名については、その当時の名称を記し、必要に応じて現行の名称（二〇二三〔令和五〕年一月三一日現在）を（　）で補った。

五　引用した、もしくは根拠・参考とした史・資料の注記は最小限にとどめ、巻末に参考文献一覧として示した。

目　次

第一部

近代教育の出発と
師範学校における教員養成

東京学芸大学の創基は、1873年の東京府小学教則講習所の開設に遡ります。第一部は、新制大学として東京学芸大学が発足するまでのおよそ80年間、東京の教員養成の中核を担った各師範学校の歩みをたどります。

明治五（一八七二）年の「学制」の公布を契機に、日本の近代学校教育は始まりました。学校の制度が整ったとしても、「教える」教師が存在しなければ、教育は成立しません。明治政府は、国家レベルで教師の養成のための教育機関を設置する一方、東京府などの地方行政機関にも小学校教員の養成機関の設置を求めました。東京府が一八七三年に内幸町に創設した「東京府小学教則講習所」が、東京学芸大学の源流になります。

第一部は、この東京府小学教則講習所に始まって、明治から敗戦直後に至るまでの間、東京における小学校教員の養成を中心的に担った各師範学校の歩みをたどります。中等教育機関に準じる制度のもとで行われていた教員養成が、徐々にその教育水準を向上させて専門学校と同格に、そして戦後は大学に昇格する過程を解き明かします。また、どうして東京学芸大学が小金井市にあるのかその秘史にも言及します。

I 日本の近代教育と教員養成の始まり

1 近代教育制度の始まりと師範学校

教員養成は、近代教育を支える基本である。

もちろん、教育の営みは近代以前から連綿と行われてきている。日本の近世では、藩校や寺子屋といった教育機関で教育が提供されたり、武家や商家において「家訓」を軸に年少者の育成が行われたり、といった実態はよく知られているところである。しかしながら、そうした教育の営みは、私的に行われ、かつ対象者が限られていたという点で近代とは異なる。江戸時代における「藩」は一種の統治機構であったが、「藩校」が対象にするのは基本的に藩士の子弟のみであったし、「寺子屋」は特に江戸時代における庶民の基礎学力（読書算）形成に大きな役割を果たしたが、「寺」をベースに「寺子」を指導する形態を採っており、地域差はあるものの、そこで教えていた者の多くは僧侶であった。

日本における近代学校制度は明治五(一八七二)年八月の「学制」を端緒とするが、これは全国を八の「大学区」、二五六の「中学区」、五三七六〇の「小学区」に分け、それぞれの学区に「大学校」「中学校」「小学校」を各一校設置するという骨格をもっていた。そこでは「小学校ハ教育ノ初級ニシテ人民一般必ス学ハスンハアルヘカラサルモノ」とされ、義務教育としての小学校が国民すべてに行きわたるという理念が明確にされた。ちなみに小学区の数はおおよそ人口六〇〇人あたり小学校一校に相当していた。

制度としての学校へのアクセスを国民すべてに保障するには、当然のことながらその規模に見合うだけの学校教育の担い手=教員を組織的に確保する必要を伴う。最初の師範学校は明治五年九月に旧昌平坂学問所の校地に設けられ(のちの東京師範学校—東京高等師範学校)、これ以降、一八七三年に大阪と仙台、一八七四年に名古屋・広島・長崎・新潟と、おおよそ各大学区に一つずつ官立の師範学校が設置され、また一八七四年一一月には東京に官立の女子師範学校(のちの東京女子高等師範学校)も設置された。「学制」において小学校教員の資格が「年齢二十歳以上ニシテ師範学校卒業免状或ハ中学免状ヲ得シモノ」とされているように、これら官立の師範学校は元来小学校の教員養成を行うことを目的としたものであったが、それのみでは特に学制初期において小学校教員の絶対量が不足していた。

この時期、特に小学校の教員供給の量的な面を支えたのが、各府県に設けられた教員対象のさまざまな講習所である。東京においては、一八七三年四月に内幸町にあった府庁構内に教則講習所が開設され、学制初期の小学校の現職教員(まだ師範学校が整備される以前、養成教育を受けないまま教職にあった前近代の知識人たち）を対象に、文字通り小学教則（「学制」に基づいて明治五年九月に発布されたガイドライン）の講習を行い、教育内容と教育方法を共有するようになった。この小学教則講習所はその後、東京府小学師範学校―東京府師範学校―東京府尋常師範学校等、名称を変えてはいるが、現在の東京学芸大学を形成する最古の前身校である。東京学芸大学の「創基一五〇年」はこの一八七三年を起点としている。

一方、官立の師範学校に関しては、一八七七年の西南の役に伴う財政難のために翌七八年までに六校が廃校となり、東京の二校のみが残る形となった。「学制」に基づいて各大学区に官立の師範学校を置いて小学校教員の養成を行うという当初の計画はわずか数年で変更を余儀なくされ、小学校教員の養成はもっぱら府県が担うというスタイルが以後長らく定着することになるのである。

2　近代日本の教員養成を読み解く

「官立」と「府県立」――教員養成の二層構造

「学制」においては中学教員の資格について「二十五歳以上ニシテ大学免状ヲ得シモノ」とされていたが、この時点では日本国内に大学は設置されておらず（東京大学の創設は一八七七年）、中等学校の教員養成を組織的に行う機関として最初に設けられたものとしては、東京師範学校（官立）に一八七五（明治八）年におかれた「中等師範学科」がある。前述のように小学校教員の養成を主に府県が担うようになる中で、官立の師範学校の重点は中等学校教員養成に移っていく（のちの高等師範学校）。

一方、先に述べたように「学制」において小学教員の資格は「年齢二十歳以上ニシテ師範学校卒業免状或ハ中学免状ヲ得シモノ」とされていた。ここで注意すべきは師範学校が「中学」と並列されていることである。実際、日本においては、「学制」以降一九四三年に師範学校が官立に移管されて専門学校と同格になる（Ⅲ章参照）までの七〇年あまり、小学校の教員養成は府県立の中等教育レベルの師範学校で行われることが基本となっていた。師範学校の教員資格についても、旧制の中学校や高等女学校等の中等教育機関と基本的に共通していたのである（これは、一九四三年の師範学校「昇格」以降も続いた）。

要するに、中等学校（中学校・高等女学校・師範学校）の教員養成は中央政府（文部省）管轄の高等教育機関（大学）や中等後教育機関（高等師範学校・専門学校等）で行われたのに対し、初等学校（小学校・幼稚園）の教員養成は地方政府（府県）管轄の中等教育機関（師範学校等）で行われたのである。森有礼文政期の一八八六年に出された勅令「師範学校令」において文部大臣が管理する高等師範学校（経費は国庫負担）と、各府県におかれる尋常師範学校（経費は地方税より支出）との二系統がおかれているが、これはその後一八九七年の「師範教育令」においても文部大臣の管理する「高等師範学校」「女子高等師範学校」（師範学校・尋常中学校・高等女学校の教員養成を担う）と道府県の「師範学校」（小学校教員養成を担う）として基本的に受け継がれている。

検定試験や臨時的な教員養成所等の補完策に関しても、中等学校教員については文部省、初等学校教員については府県がそれぞれ管轄した。高等師範学校や大学による養成では量的に不足した中等学校教員については、文部省管轄下での試験検定（通称「文検」＝ぶんけん）や無試験検定（専門学校・各種学校

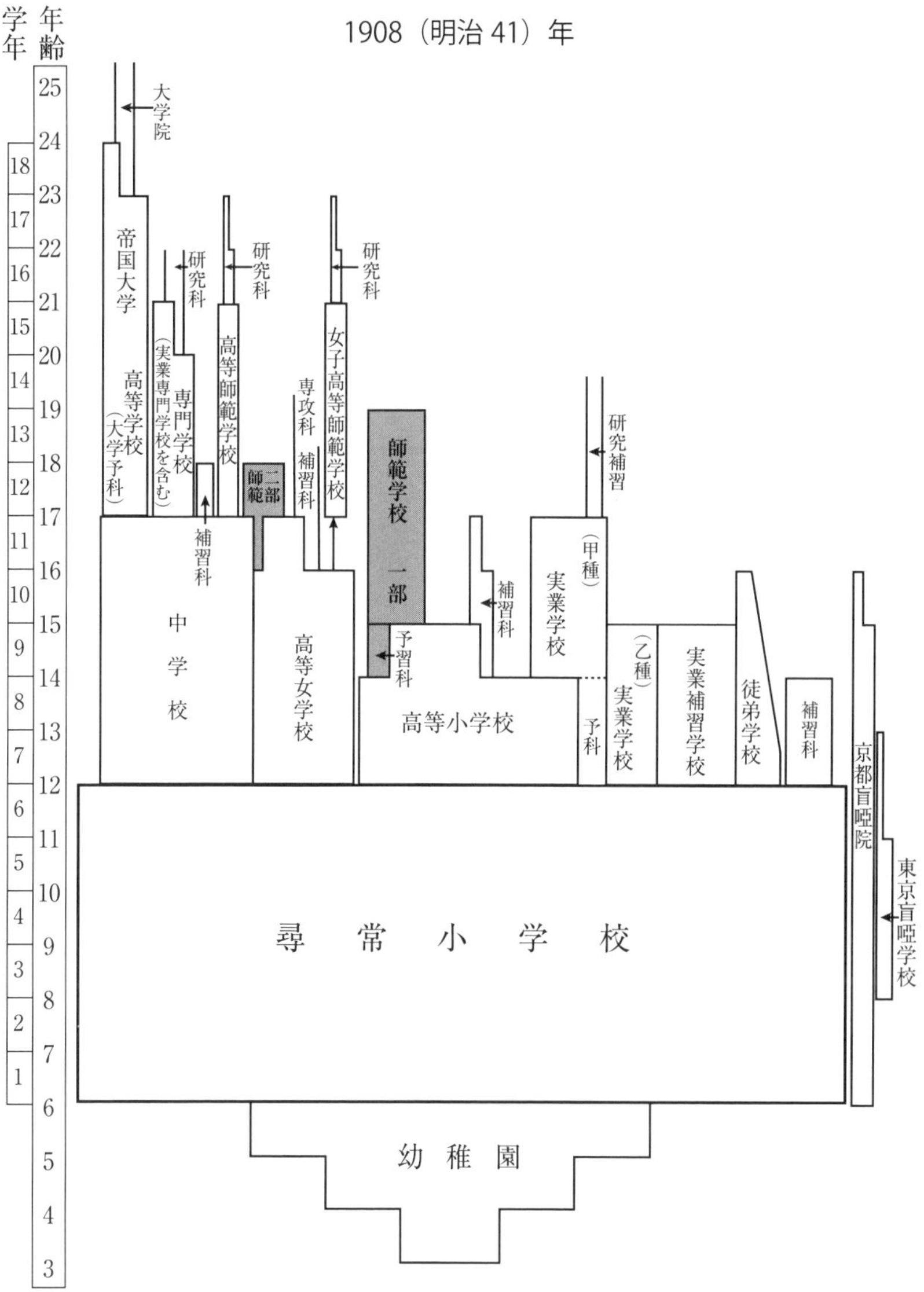

図Ⅰ-1　学校系統図（1908年）（文部省編『学制百年史 資料編』1972、より作成）

注：マークした部分が師範学校にあたる。

のうち高等師範学校に準ずると認定を受けたところの卒業生に書類審査のみで教員免許状を与える制度＝現在の一般大学での課程認定の制度的な原基）が全国規模で行われたのに対し、小学校教員の供給についての師範学校の補完策については府県ごとに独自に行われており、統一的な把握が難しい。

「学芸の教師」と「方法の教師」——教師像の問題

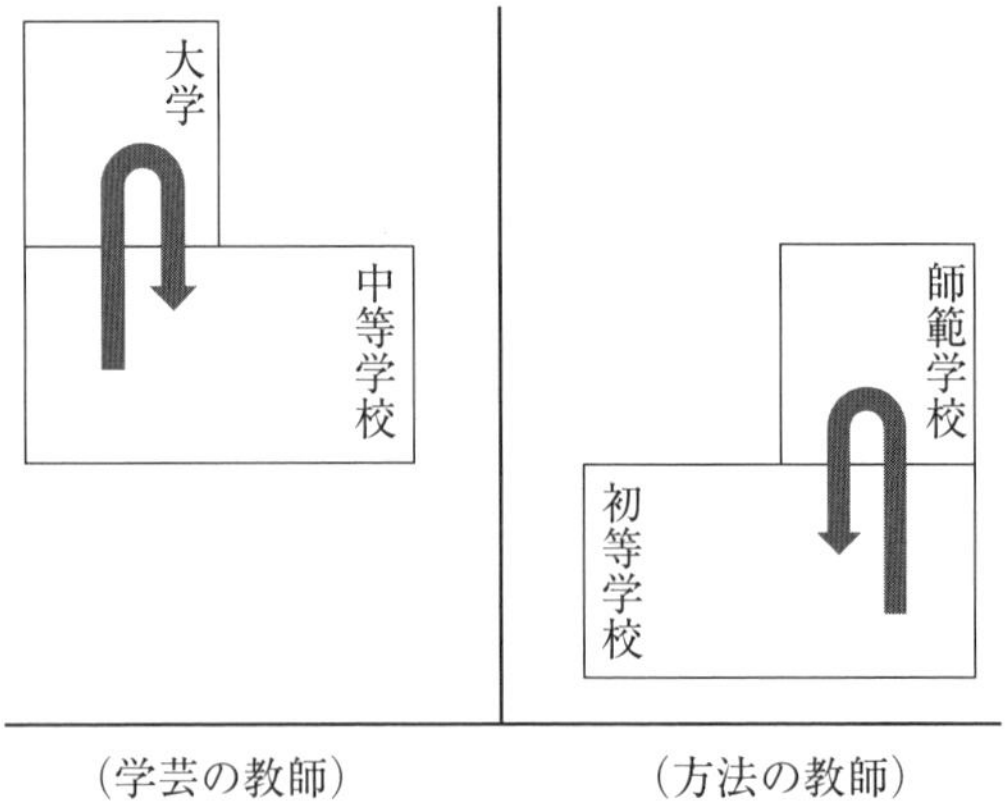

図Ⅰ-2　同系繁殖の構図
（船寄俊雄『近代日本中等教員養成論争史論』1998、をもとに作成）

一八九七年の「師範教育令」の時点で、師範学校の入学資格は高等小学校卒業以上、高等師範学校・女子高等師範学校の入学資格は中学校・高等女学校・師範学校卒業以上、とされていた。

こうした制度設計は、多くの国・地域に共通していた。「タッパンの法則」と呼ばれる考え方—一八五六年にミシガン大学の総長タッパン（Tappan, H.）の行った演説の中で述べられた「教師は自分の教える学校よりも一段高い学校の教育を受けなければならない」—が近代初期においては広汎に通用しており、初等教員養成は中等教育レベル、中等教員養成は中等後教育もしくは高等教育レベル、という棲み分けが少なくとも近代初期においては一般的だったのである。

このことは、養成される教師像にも影響している。近代教育制度の中で、共通の初等教育の後、中等学校レベルの師範学校に進んだ者が初等学校の教員となり、普通中等教育（日本で言えば旧制の中学校や高等女学校）に進んだ者がその後高等教育を経て中等学校の教員となる、という同系繁殖的な構図が生じたのである。教員養成史家である船寄俊雄の整理によれば（『近代日本中等教員養成論争史論』一九九八年）、中等学校の教員は大学等の高等教育機関で学識をベースに養成され（学芸の教師）、一方初等学校の教員は師範学校において教育方法への習熟をベースに養成される（方法の教師）、という分化が生じたのである（図I-2参照）。

女子師範とジェンダー

「学制」当初においては、「小学教員ハ男女ヲ論セス」とされており、小学教則講習所を改組転換した東京府小学師範学校においても、一八七六年より女子の師範生の募集を始めている。しかしながら翌一八七七年より女子の募集を停止した結果、その後一九〇〇年に東京府女子師範学校が創設されるまで、小学校の女性教員の養成に特化した教育機関がない状態が続いた。この間の東京府における小学校の女性教員の供給は府の行う検定試験の合格者や、府立高等女学校（一八八八年創設。のちの府立第一高等女学校―現・都立白鴎高等学校）の師範科（補習科）などに依っていたのである。

これは東京に限ったことではなく、近代初期においては、女性教員の組織的な養成は男性教員のそれ

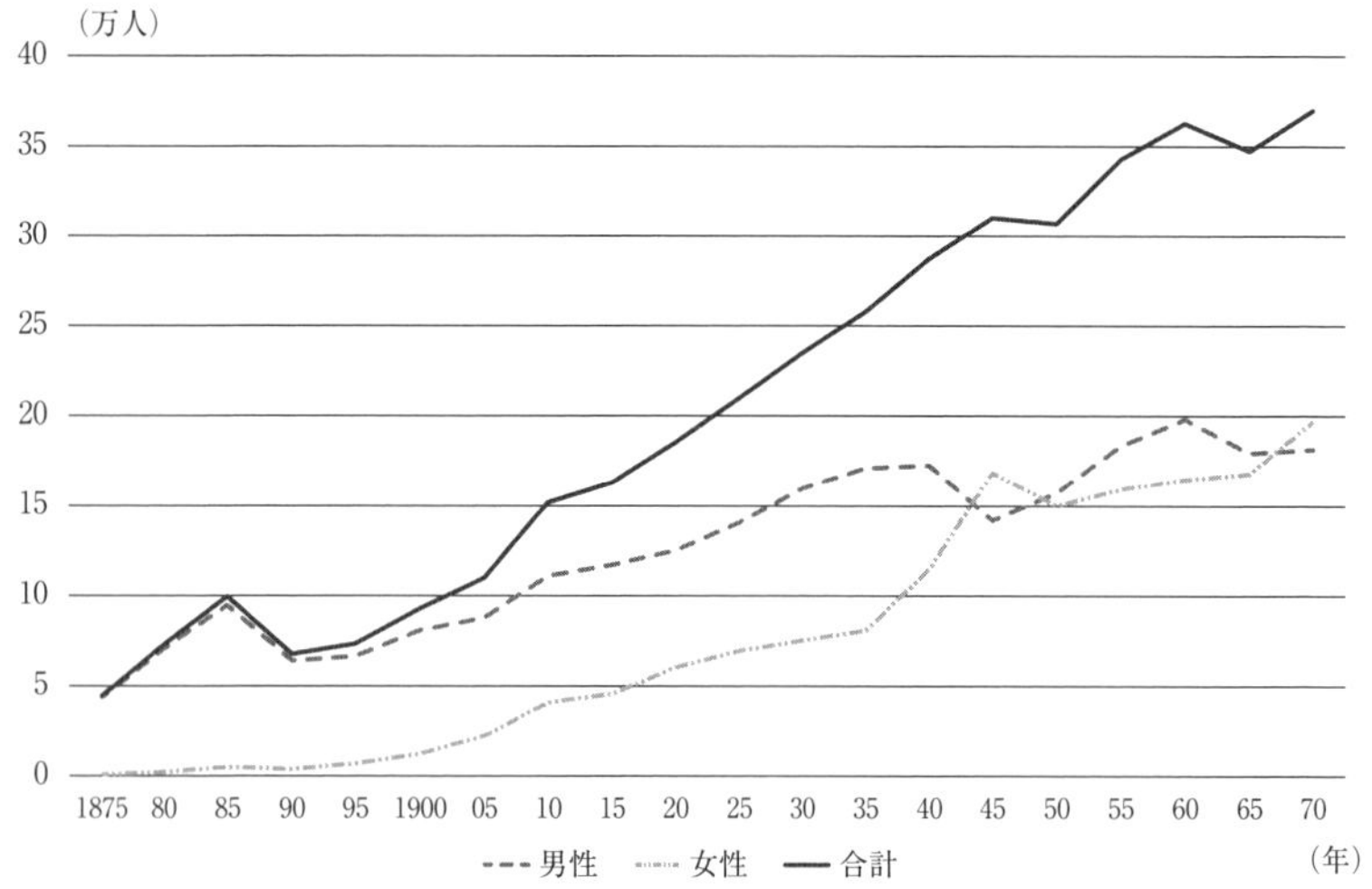

図Ⅰ-3　小学校の教員数（男女別：文部省『学制百年史　資料編』1972、より作成）

に比べて遅れる傾向にあった。

教職は、日本においても近代の比較的早い時期から女性に開かれた専門職であったとされるが、**図Ⅰ-3**に見るように、近代初期における小学校教員のジェンダーバランスは圧倒的に男性優位であった。これは、教育制度が整えられた初期に教員となったのが主に武士や僧侶といった、前近代の教育を担った男性の知識人層に偏していたこと、および上述のように、女性を対象とした教員養成機関（女子師範学校）の整備が男性のそれに比べて遅れたことに起因するものと捉えられる。この図に現れているように、小学校の女性教員が数の上で男性教員を上回るのは、男性の多くが兵役に就いた第二次世界大戦中のことなのである。また、東京府女子師範学校の創設に先立って府立高等女学校に師範科がおかれて小学校の教員養成が行われていたように、小学校の女性教員の供給は、師範学校以外に高等女学校等の他の中等教育機関が担った部分が男性のそれに比べて大きかった。

壺井栄の小説『二十四の瞳』（一九五二）の主人公・大石久子は一九二八年に岬分教場に着任しているが、そこで彼女は「女学校の師範科を出た正教員のばりばり」と描かれており、対して前任者は島内の女学校（香川県立小豆島高等女学校＝現・小豆島中央高等学校がモデルとされる）を卒業した準教員とされている。ここからは、当時の小学校の教員資格には「正教員」と「準教員」があったこと、「正教員」になるルートは女性の場合、女子師範学校経由以外に（高等）女学校の「師範科」があったこと（しかも得られるライセンスは師範学校卒業と同格であったこと）、などが読み取れる。ちなみにこの当時香川県内の「女学校」で師範科を併設していたのは私立明善高等女学校（現・英明高等学校）のみであり、ここが大石の母校のモデルと目されている。女性にとって、小学校の本科正教員となるには、女子師範学校（後述する一部・二部）を卒業するルートのほか、高等女学校に併設された「補習科」「専攻科」「師範科」等を経由するものも併存していたのである。

女子師範学校は、高等女学校等の他の中等教育機関と同様に府県の教育行政の管轄であり、それゆえ女性の小学校教員を養成するルートにおいて女子師範学校にどの程度のウエイトを置くかについては地域差があった。たとえば北海道においては女子を対象とした師範学校が設けられることはなく（札幌・函館・旭川に設けられた師範学校はいずれも男子のみを対象としており、女子部は設けられていない）、女子の小学校本科正教員の養成は基本的に高等女学校の専攻科で行われていたのである。

東京の場合は、東京府師範学校が青山に移転した後、一九〇〇年にその跡地（竹早校地）に東京府第二高等女学校（現・東京都立竹早高等学校）が、東京府女子師範学校に併設される形で創設されている。高等女学校と女子師範学校は別個の府立学校ではあったが、両校の校長は同一人物が兼務し、校地も共有していた（この校地の共有は戦後も、東京学芸大学附属竹早中学校と東京都立竹早高等学校が上下階を使い分ける形で一九六八年まで続いた）。また府立第二高等女学校にも補習科（のち一九四三年から専攻科）がおかれ、高等女学校の本科を卒業した教職志望者に女子師範学校の教員が補習を提供していた。

このように、近代初期における小学校の女性教員の養成は、府県の教育行政が管轄するところの女子の中等教育機関＝師範学校と高等女学校が並立・錯綜する形で行われてきたのである。

女子師範・高等女学校と幼児教育

近代初期の中等教育においては、男女のカリキュラムは別立てであった（日本の場合、この「別立て」は一九八九年の学習指導要領改訂に基づく高等学校における家庭科の男女共修化まで続いた）。一九〇一年に制定された中学校令施行規則と高等女学校令施行規則とを見比べてみると、「法制及経済」は中学校にあって高等女学校にはなく、逆に「家事」「裁縫」「教育」「手芸」は高等女学校にあって中学校にはない。また中学校の「博物」「物理及化学」は高等女学校では「理科」と括られ、中学校の「国語及漢文」が高等女学校では単に「国語」となっているなどの異同もある。大きな違いは、現在の家庭科におおむね相当する「家事」「裁縫」「教育」「手芸」が女子の中等教育においてのみ提供されていたことにある。師範学校においては、これらのうち「教育」は男女に共通していたものの、「家事」「裁縫」はもっぱら女子師範学校でのみ教授されていた。

小学校に関しては、近代初期の担い手の多くは男性教員で、男性教員の養成のための師範学校も整備されたが、就学前教育（幼稚園）の担い手が女子師範学校と高等女学校においてもっぱら養成されることになったのも、こうした近代初期の状況を背景としている。

近代日本における幼稚園教員養成の始まりは、官立の東京女子師範学校（一八七四年創設）に附属幼稚園（現・お茶の水女子大学附属幼稚園）が一八七七年に設けられ、翌一八七八年より幼稚園保姆練習科がおかれたこととされている。その後、小学校教員の場合と同様に、幼稚園教員の養成は官立の師範学校よりは府県立の中等教育機関にウエイトを移していくことになり、女子師範学校や高等女学校に附属幼稚園が設置され、幼児教育の担い手の養成が行われるようになった。東京府女子師範学校には、一九〇四年に附属幼稚園（現在の東京学芸大学附属幼稚園竹早園舎）がおかれているが、その一方で、男子を対象とする師範学校が幼稚園教員の養成を担うことはなかったのである。

このように、日本の近代初期の中等教育においては、①男子を対象とした機関の整備が女子のそれに先んじた、②幼児教育の担い手の養成については女子を対象とした中等教育機関が担った、といった性差があった。のみならず、中学校と高等女学校、（男子）師範学校と女子師範学校の間には修業年限の差が設けられていた時期もあった。こうした経緯は、実は戦後の「大学における教員養成」の始まりにも投影されている。

創設当初の東京学芸大学学芸学部の教育組織は甲類（初等教育学科）・乙類（中等教育学科）・丙類（幼稚園教育学科）に分かれていたが、甲類・乙類については一部（四年制の学士課程）と二部（短期大学レベルの二年制課程）の双方が設置されたのに対し、丙類は二年制課程のみが、旧第一師範女子部と附属幼稚園のおかれていた竹早校舎に設けられた。

この二年課程は一九五五年に廃止され、四年制の学士課程に一本化されることになる。東京学芸大学における幼稚園教員養成という点から見れば、学士レベルの「大学における教員養成」への参画は数年遅れになったのである。

師範学校の「一部」「二部」

東京府師範学校・同女子師範学校に続き、東京府内三校目の師範学校の設置が決定されたのは一九〇八年一一月のことである。この府内第三の師範学校は北豊島郡巣鴨村字池袋に位置していたことから東京府豊島師範学校とされ、従前の東京府師範学校はその校地の地名を付して東京府青山師範学校と改称した。この時期における師範学校の増設は、一九〇七年の小学校令改正によって尋常小学校の修業年限が四年から六年に延長された（義務教育年限が延長された）ことに伴って小学校教員の需要が増したことを背景としている。

一九〇七年の師範学校規程は、師範学校の入学資格を男女ともに揃えたこと、および師範学校の本科を「第一部」「第二部」に区分したこと、の二点を大きな特徴とする。概要は以下のとおり。

［第一部］
入学資格：高等小学校（三年制）卒業／高等小学校（二年制）卒業後予備科一年修了
修業年限：四年

［第二部］
入学資格：中学校卒業／高等女学校卒業
修業年限：一年（中学校・五年制高等女学校卒業）／二年（四年制高等女学校卒業）

ここで、中学校・高等女学校から師範学校に進んで小学校教員になるルートが制度化されたことで、**図I-2**に示した同系繁殖の構図が日本では部分的に崩れたともみられる。中学校卒業者にとって、そこから大学や専門学校に進んで中等学校の教員になるルートと並んで、師範学校第二部に進んで小学校の教員になるルートがおかれることになったのである。なお、この入学資格と修業年限についてはその後にたびたび変更がなされるが、一九三一年の師範学校規程改正以後一九四三年までの間は、第一部は高等小学校（二年制）卒業者を対象とした五年制、第二部は中学校・高等女学校（五年制）卒業者を対象とした二年制、に一本化され、いずれも義務教育修了後七年の課程を原則とすることとなった。

第二部は、小学校教員の量的確保とあわせて質的な向上策として設置された側面もあった。この事情について、一九〇七年の規程と同時に出された文部省訓令は、中学校や高等女学校の卒業者について「従来此等ノ学校卒業者ニシテ小学校ノ教員タル者尠カラスト雖教授訓練ニ関スル知識技能未タ十分ナラサルモノアリ」とする一方で、補完的な養成ルートについては「地方ニヨリテハ短期ノ講習科ヲ設クルモノナキニアラス而モ其ノ期間、学科目、教授時数ノ如キ正教員養成ノ機関トシテハ頗ル不完全タルヲ免レス」とその質的な低さを指摘しているのである。

これを受けて、東京府青山師範学校では一九〇八年から、女子師範学校と豊島師範学校では一九一一年から、中学校や高等女学校を卒業した者を対象とした第二部の授業が始められている。その後一九三八年に東京府大泉師範学校が設けられるが、これは当初より第二部だけのものとして設置されている。第二部のみの師範学校の設置は全国初のことであった。

師範学校の第一部・第二部の併存状況は三〇年あまり続き、その後一九四三年の師範教育令改正によってすべての師範学校が道府県立から官立に移管され、中学校・高等女学校卒業を入学の基礎資格とする三年制の専門学校程度に昇格することになるのである。ただし、この時点においても師範学校には国民学校高等科卒業者を対象とした三年制の予科が設置されており、それまでの第一部に相当するルートは併存していたのである。

Ⅱ　東京府における教員養成の展開

1　東京府の各師範学校の校地・施設の変遷と特徴

現在、東京学芸大学および附属学校園は、大学キャンパスがある東京都小金井市をはじめとして都内五か所（小金井、世田谷、竹早、大泉、東久留米）に校地を有している。

表Ⅱ-1は東京学芸大学関係校地一覧で、**図Ⅱ-1**の①～⑫の番号は、表に対応している。本章では、師範学校が官立化されるまでの時期を中心に、東京府における師範学校の展開について、各校の校名・校地の変遷や特徴について見ていく。

東京府青山師範学校

東京学芸大学の前身校の一つである東京府青山師範学校（以下、青山師範学校）は、戦前の師範学校の制度やその時々の社会、教育・教員養成の状況により、学校名の変更や校地の変遷を繰り返した。学校名の変遷でたどれば、東京府小学教則講習所（一八七三年）―東京府小学師範学校（一八七六年三月）―東京府師範学校（一八七六年一一月）―東京府尋常師範学校（一八八七年）―東京府師範学校（一八九八年）―東京府青山師範学校（一九〇八年）―東京第一師範学校男子部（一九四三年）となる。学校名の変更に加え、校地の移転や校舎等施設の建設も行われてきた。

【麹町区内幸町時代】一八七三〜一八八九年（表Ⅱ-1①）

東京学芸大学の始まりは、一八七三（明治六）年に設置された東京府小学教則講習所である。開設当初は、麹町区内幸町（現・千代田区内幸町）の東京府庁構内におかれた。ここに校地がおかれたのは一八八九年までで、その間に東京府小学師範学校（一八七六年三月〜一八七六年一一月）、東京府師範学校（一八七六年一一月〜一八八七年一月）、東京府尋常師範学校（一八八七年一月〜一八九八年三月）と校名が変更された。この時期の校名の変更は、師範学校に関する諸制度（法令）の変更に伴い実施されたものである。なお、一八七六年九月に東京府小学師範学校に附属小学校が設置され、以後師範学校の名称変更に合わせて、附属小学校の名称も変更されていく。

表Ⅱ-1　東京学芸大学関係校地一覧

	校地	本学前身校	その後	現在	備考
①	千代田区内幸町	東京府小学教則講習所（1873～1876） 東京府小学師範学校（1876） 東京府師範学校（1876～1887） 東京府尋常師範学校（1887～1889）	竹早へ移転（1889）	第一ホテル東京 日比谷ダイビル	東京府庁内に設置。前身は郡山藩柳澤家江戸屋敷（上屋敷）
②	文京区小石川（竹早地区）	東京府尋常師範学校（1889～1898） 東京府師範学校（1898～1908） 東京府女子師範学校（1900～1943） 東京第一師範学校女子部（1943～1949）	竹早分校（1949～1955）	附属幼稚園竹早園舎、附属竹早小学校、附属竹早中学校、都立竹早高等学校	
③	港区北青山	東京府師範学校（1900～1908） 東京府青山師範学校（1908～） 東京府立青年学校教員養成所（1939～1940）	世田谷へ移転（1936） 調布へ移転（1940）	都営北青山三丁目アパート	
④	豊島区池袋	東京府豊島師範学校（1908～1943） 東京第二師範学校（1943～1944） 東京第二師範学校男子部（1944～1946）	小金井へ移転（1946） ※附属小学校は1957年まで池袋教室併置	池袋西口公園	
⑤	青梅市勝沼	東京府立農業教員養成所（1920～1935） 東京府立青年学校教員養成所（1935～1937）	駒場へ移転（1937）	東京都立青梅総合高等学校	東京府立農林学校に附設
⑥	目黒区駒場	東京府立青年学校教員養成所（1937～1939）	青山へ移転（1939）	目黒区駒場野公園	東京農業教育専門学校に附設
⑦	世田谷区下馬／深沢（世田谷地区）	東京府青山師範学校（1936～1943） 東京第一師範学校男子部（1943～1949）	世田谷分校（1949～1964）	附属高等学校（下馬）、附属世田谷小学校、附属世田谷中学校（深沢）	
⑧	東久留米市氷川台（東久留米地区）	東京府豊島師範学校・成美荘（1936～）		附属特別支援学校、国際学生宿舎、成美教育文化会館	
⑨	練馬区東大泉（大泉地区）	東京府大泉師範学校（1938～1943） 東京第三師範学校（1943～1949）	大泉分校（1949～1955）	附属大泉小学校、附属国際中等教育学校、大泉寮	
⑩	調布市調布ヶ丘	東京府立青年学校教員養成所（1940～1943） 東京都立青年学校教員養成所（1943～1944） 東京青年師範学校（1944～1949）	調布分教場（1949～1951）	電気通信大学	
⑪	文京区向丘	東京第二師範学校女子部（1944～1949）	追分分校（1949～1953）	文京区立第六中学校	
⑫	小金井市貫井北町（小金井地区）	東京第二師範学校男子部（1946～1949）	小金井分校（1949～1964）	東京学芸大学、附属幼稚園小金井校舎、附属小金井小学校、附属小金井中学校	前身は陸軍技術研究所

【小石川区竹早時代】一八八九～一九〇〇年（表Ⅱ-1②）

一八八六年四月一〇日、文部大臣森有礼の発案により「師範学校令」が発令された。この法令により、一八八七年一月に東京府師範学校は東京府尋常師範学校と改称した。この法令では師範学校において、小学校教員として必要な知識・技術の習得とともに、教師としての人格の陶冶を重視し、「順良・信愛・威重」の気質を身につけさせることが目的であると規定した。また兵式体操や軍隊式の寄宿舎生活などが導入され、これらはその後の師範教育の方針を基礎づけるものであった。東京府尋常師範学校は、この「師範学校令」に伴う施設・設備の拡充および東京府庁の移転により、一八八九年に小石川区竹早町（現・文京区小石川）に移転し、校舎・設備を新築した。この竹早の敷地面積は約四千坪で、一〇〇人程度の生徒を収容することが想定されており、校舎は約九一三坪、西洋型木造二階建て（一部平屋建て）で建設された。また西洋型木造二階建ての寄宿舎と附属小学校も併設して建設された。当時としてはきわめて新しい様式の校舎であった。

一八九三年、神奈川県に属していた西多摩、北多摩、南多摩の三郡が東京府に編入されると、農業が盛んな地域に就職する者が増えることを見越し、一八九五年四月に選択制の農業科を設置した。

一八九八年一一月に、尋常師範学校の校友会（部活動等課外活動の上部組織）である「尚武会」が発足した。この尚武会は、身体を強健にして士気を養うことを目的とし、当時あった四つの部活動が組織化された（柔術、剣術、庭球、器械体操）。その後一九一〇年代には、野球、端艇、蹴球を加え、七部となった。一九二〇年には「校友会」と改称し、心身の鍛錬に加え、会員相互の交流を図ることも目的に加えられた。それまでは運動系の部活動のみで構成されていたが、学芸部をはじめ、図書部、音楽部、弁論

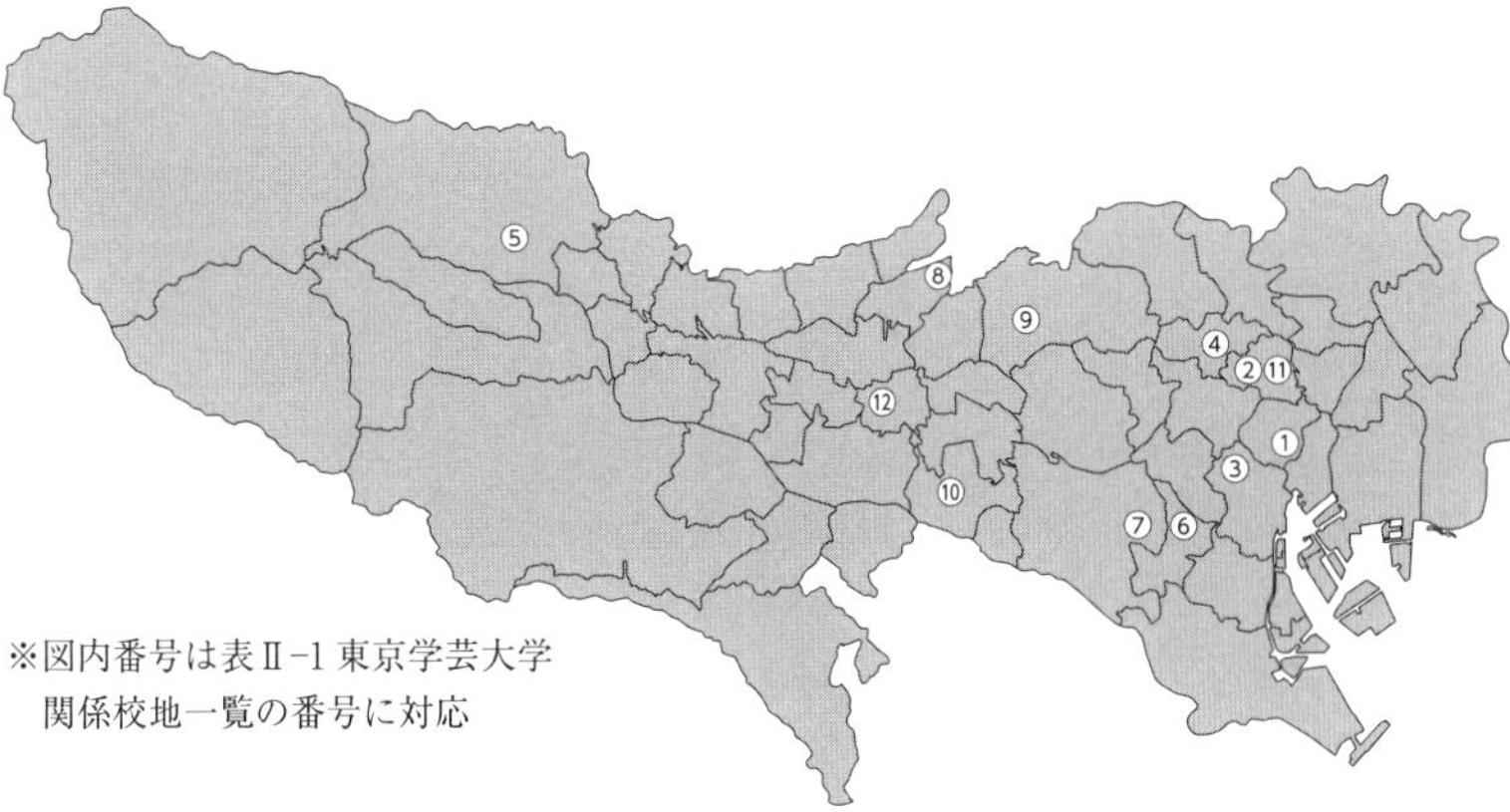

※図内番号は表Ⅱ-1 東京学芸大学関係校地一覧の番号に対応

図Ⅱ-1　東京学芸大学関係校地分布図

部などの文化系の部活動も含められることとなった。また、部活動のほかに、運動会、遠足、水泳大会、学芸会等の立案・運営や機関誌『校友』の発行も行われた。

一八九七年一〇月九日に「師範教育令」が公布され、翌一八九八年に尋常師範学校は東京府師範学校に改称した。また、この「師範教育令」における師範学校生徒の定員増加、そして師範学校拡充および男女により学校を別にするという方針に基づき、新たに東京府女子師範学校が設置されることとなった。当時、東京府師範学校は生徒数の増加および設備の拡充に伴い、竹早の校舎では手狭になっていた。そこで新たな校地を求め、赤坂区青山北町に約一万二千坪の敷地を得て、新校舎を建設し（一九〇〇年落成）、移転後の竹早校舎には新たに開校する東京府女子師範学校が設置された。

【赤坂区青山北町時代】一九〇〇～一九三六年（表Ⅱ-1③）

東京府師範学校が青山北町に移転して七年後の一九〇七年四月一七日、「師範学校規程」が公布された（第Ⅰ章参照）。

これは、義務教育年限が四年から六年に延長されたことに伴い、師範学校を拡張・拡充すべく出されたものである。具体的には、本科を第一部（修業年限四年）および第二部（修業年限一年もしくは一部二年）とし、現職教員のための講習科を設置し、学科課程を全面的に改訂した。本科第一部を教員養成の中心に据えつつ、教員の供給不足を本科第二部の速成養成課程で補い、現職教員の学力資質向上のために講習科を置くという構造であった。東京府師範学校もこれに従い、学科を再編した。

一九〇八年、義務教育年限延長および都市化に伴う人口増加により教員の需要が増したことから、北豊島郡巣鴨村（現・豊島区池袋）に新たな師範学校として、東京府豊島師範学校が設置された。この豊島師範学校開校に伴い、東京府師範学校は東京府青山師範学校と改称した。一九〇七年の「師範学校規程」において、選択科目として農業もしくは商業の設置が規定されたが、青山師範学校では商業科を、豊島師範学校では農業科をそれぞれ置いた。

一九一八年、青山師範学校附属の商業補習学校が設置された。この商業補習学校設置の経緯等については詳細は不明であるが、「商業補習学校学則」（一九二四年三月発布）によると、その目的は、「現ニ商業ニ従事スル者又ハ従事セントスル者ノタメニ夜間又ハ便宜ノ時ニ於テ商業上必要ナル智識技能ヲ授クルト共ニ国民生活ニ必須ナル教育ヲ為スヲ以テ目的」とするもの

写真Ⅱ-1　青山師範学校・正門（1934年）

で、定員は二〇〇人、修身や国語、数学などの科目のほかに、商業、簿記、商業実践、タイプライティングなどが教えられていた。

一九二五年の師範学校規程改正により、本科第一部の年限が一年延長されて五年になり、一九二六年には本科卒業生を一年修学させるための専攻科が設置された。一九二五年、「陸軍現役将校学校配属令」が施行され、官公立の中等学校以上の学校に、原則として陸軍現役将校が配置され、学校教練の指導にあたることとなり、師範学校における軍事教練が開始された。『師範教育百二十年のあゆみ』（一九九〇）によると「これは第一次世界大戦後の軍備縮小の情勢の中で、現役将校の失業対策も兼ねて、青少年に軍事思想を注入し、かつ国民軍の幹部の養成を考慮したもの」であった。

一九三一年、師範学校規程がさらに改定され、本科第二部の修業年限が二年に延長された。これにより第二部の在籍生徒数が二倍になり、これまで本科第一部の補完的な位置づけおよび教員の速成養成的位置づけだった第二部が、第一部と同等のものとなっていった。

【世田谷区下馬時代】一九三六〜一九四九年（表Ⅱ-1⑦）

一九三〇年代に入ると、生徒数の漸次増加により北青山の校地・校舎では手狭になったことと、木造校舎の老朽化により、新たな校地を求め校舎を新築することとなった。複数候補地の中から世田谷区下馬が選ばれ、一九三四年から校舎建設が始まり、一九三六年に移転した。敷地面積は約二万坪、新校舎は鉄筋コンクリート造三階建て（一部四階地下室付）で、現在も東京学芸大学附属高等学校にて一部建物が使用されている。また、木造二階建て（一部鉄筋コンクリート造）の寄宿舎と鉄筋コンクリート造三階建ての附属小学校校舎も造られた。

移転先の最寄り駅であった東京横浜電鉄（現・東急電鉄）東横線の碑文谷駅は、青山師範学校の移転に伴い、駅名を「青山師範駅」に改称した。その後、一九四三年四月に東京府青山師範学校が東京第一師範学校男子部に改称するため、同年二月一日に駅名も「第一師範駅」となった。戦後、東京第一師範学校、東京第二師範学校、東京第三師範学校、東京青年師範学校が統合し、一九四九年に東京学芸大学が成立し、東京第一師範学校男子部があった世田谷区下馬は、東京学芸大学世田谷分校となったことから、一九五二年七月一日に駅名が「学芸大学駅」と変更され、現在に至っている。

一九三〇年代後半になると、戦時体制の強化と戦局の拡大により、社会的にも戦時色が濃くなっていく。青山師範学校でも新たに「本校教育精神」や「生徒十訓」などが制定され、教育方針の軍国主義化が鮮明になっていった。靖国神社例大祭参拝や軍事講習等はそれまでも行われていたが、この時期になると陸海軍関係者による時局に関する講習や防空演習等が頻繁に行われるようになり、遠足や耐久走、寒稽古、武道大会など身体の鍛錬も盛んになっていく。また、それまでは学校内外の清掃を主とした勤労作業が行われていたが、一九四〇年代になると戦時下の食糧事情の悪化および労働力不足を補うべく、食糧増産のための農地開拓

写真Ⅱ-2　青山師範学校・世田谷新校舎（1937年）

と軍需産業への勤労動員が行われるようになった。一九四一年八月、文部省より「学校報国団体制確立方」（訓令第二七号）が示され、青山師範学校報国隊が結成され、校友会をはじめとする生徒の活動は報国隊のもとに統合、再編成され、組織的に軍事動員されていくこととなる。

東京府女子師範学校

東京府における独立した女子師範学校である東京府女子師範学校（以下、女子師範学校）が開校したのは、一九〇〇（明治三三）年のことである。この女子師範学校は、前述のとおり、一八九七年の「師範教育令」公布による師範学校拡充および男女別の師範学校設置の方針に基づき、東京市小石川区竹早に、東京府師範学校の校地・校舎を引き継いで開校された（表Ⅱ-1②）。一九〇〇年当時、全国において、独立した女子師範学校は東京府女子師範学校のほかに、大阪府女子師範学校、新潟県女子師範学校のみで、最も早い設立校の一つであった。また、それまでの東京府師範学校附属小学校の在籍児童・校舎・校具等すべてを移管する形で東京府女子師範学校附属小学校が設置された（現在の東京学芸大学附属竹早小学校）。そして、女子師範学校の設立と同時に、東京府第二高等女学校が併置された。第二高等女学校には本科のほかに補習科もおかれ、教員志望の卒業者に補習教育が行われていた。教員は女子師範学校と第二高等女学校両校の兼任であった。一年目は第一および第二学年各一学級ずつ募集し、第二学年に入学を許可されたのは、府立第一高等女学校在学中の小学校教員志望者であった。女子師範学校の開校当初の授業科目は、修身・教育・国語・漢文・歴史・地理・数学・理科・家事・習字・図画・音楽・

体操の一三科目で、修業年限は三年であった。一九〇二年に二階建て校舎を一棟新築し、作法教室、裁縫教室にあてた。一九〇四年には、附属小学校の二階建て校舎が新築され、この校舎の中にこの年新たに設置された附属幼稚園（現在の東京学芸大学附属幼稚園竹早園舎）が収容された。

一九〇七年の「師範学校規程」の制定に基づき、一九〇八年二月には学則が改正された。本科第一部は入学資格を高等小学校卒業者とし、修業年限を四年（修業年限一年の予備科も設置）、第二部（一九一一年設置）は、入学資格を高等女学校卒業者とし、修業年限を一年もしくは二年とした。このことにより第一部では修業年限が延長され、新たに第二部が設置されることにより、女子の教員養成の体制が形づくられた。この修業年限であるが、一九二五年の「師範学校規程」の改正を受けて、予備科が廃止となり本科第一部の年限を五年に、一九三一年の改正により、本科第二部の年限が二年にそれぞれ変更された。なお、一九〇八年時点の女子の卒業者の服務年限は第一部公費生が五年、第一部私費生が三年、第二部生は二年であった。

一九一〇年は創立一〇周年にあたり、「東京府女子師範学校校友会」が結成され、『会誌』も発刊された。また女子師範学校同窓会の『会報』も同年第一号を発刊した。

女子師範学校では、通常の授業のほか、観桜会、遠足、学芸会、運動会、修養会など、さまざまな行事が行われていた。一九一五

写真Ⅱ-3　女子師範学校・体育の授業（1917年）

年五月からは、三年次に日光、四年次に関西へとそれぞれ修学旅行も行われるようになり、生徒自身の手で旅のしおりや修学旅行の報告記が作成された。校友会のもと、部活動も盛んに行われ、陸上競技や籠球部などが強かったようである。一九二二年に学制発布五〇周年記念事業で運動場が完成し、より運動が盛んになった。当時、運動会には親族といえども成人男性の学内への入場は厳格に禁止され、若い男性教員は入場者の警戒にあたったたという。

一九三〇年代には、老朽化していた校舎の建て替えが行われることとなった。それまで木造だった校舎は、一九三二年から五か年計画で建て替えが行われ、鉄筋三階建ての新校舎となった。同時期に体育館や寄宿舎などの改築も行われた。女子師範学校の生徒の服装は服装規定により定められていたが、このころ和装（袴・靴履き）から、洋装（セーラー服）へと変わった。

一九三〇年代後半になると、女子師範学校の教育も年々戦時色が強くなる。体操の時間には軍事訓練が行われ、慰問袋の献納や軍需品の作成なども行われた。一九三四年以降の第一部四年次の修学旅行では関西を経て朝鮮へ、一九三九年には第一部・二部ともに満州へと、植民地や占領地へも渡航するようになった。一九四一年以降、戦況の悪化と治安維持の観点から、修学旅行の行き先は関西となった。

一九四一年には、東京府女子師範学校校友会を解散し、竹早報国団および竹早報国隊が結成された。この竹早報国団・竹早報国隊は、「学校教育全般を通じて修練教科の博大なる推進力たるべき真の修練組織」であり、報国団のもとに各隊組織を編成し、「国家に対する時局的積極性を発揮して十分なる奉仕活動を実践遂行する」体制がつくられた（『東京学芸大学二十年史』一九七〇）。この報国団の中には炊出隊や看護隊、保育隊なども設置され、その後組織的に勤労動員されることとなる。

東京府豊島師範学校

一九〇七（明治四〇）年の小学校令改正により、義務教育年限が四年から二年延長されて六年になった。都市化に伴う東京府の人口増加と義務教育年限延長による教員養成の急務への対応のため、東京府は新たに師範学校を一校増設することとなり、一九〇八年一一月、北豊島郡巣鴨村（現・豊島区池袋、池袋西口公園あたり）に東京府豊島師範学校（以下、豊島師範学校）が新設された（表Ⅱ-1④）。現在でこそ東京の副都心の一つとして大変栄えている池袋だが、当時は周囲に家はなく一面の野菜畑の中にポツンと豊島師範学校の校舎が建っているという状況であった。

開校当時、生徒の募集および選抜試験は、青山師範学校と合同で行い、奇数の合格番号の者は青山師範学校、偶数の者は豊島師範学校に入学しており、一九二〇年に単独募集となるまで、この方式は続いた。一九〇九年四月の第一回入学生は、本科第一部三九人、予備科七七人で、そのうち東京府出身者は全体の一割程度でそのほかは他県出身者（千葉、茨城など近県者が中心）であった。開校当初の豊島師範学校は、若い教員が多く、当時の気風について、「従来とかくの批難のあった所謂師範タイプを打破し、自由にして剛健、どことなく余裕があって、しかも正大の気に富み、創造的活動的である校風を樹立せんとする清新な雰囲気が漲って」いたという（『東京学芸大学二十年史』一九七〇）。また、初代校長の大束重善は男子中等学校にも女性教員が必要であると考え、英語教師の北村美那を採用した。中学校や当時師範学校をはじめとする男子中等学校に女性教員はほとんどいなかったこの時期としては珍しく、男子中等学校の女性教員採用の嚆矢となった。

なお、校舎は一九〇九年二月に建築着工し、同年中には附属小学校校舎落成、一九一一年には校舎建築が完了したが、翌一九一二年三月に火災があり、本館と校舎左翼部分を残して、大半を焼失した。その後復旧工事が行われ、一九一三年に木造二階建て（一部平屋建て）の校舎、寄宿舎、附属小学校が再建された。敷地面積は約一万五千坪で、校舎等建物のほかに農業実習地が含まれている。

一九一〇年に豊島師範学校に農業科が設置されたが、これに伴い北多摩郡松沢村に農業実習地をもち、生徒たちが開墾を行った。一九一八年三月、豊島師範学校の附属として北多摩郡千歳村烏山小学校内に東京府豊島師範学校附属農業補習学校が設置された。実業補習学校は、尋常小学校卒業後の勤労青少年に対し、実業・職業に関する知識・技能を授けることを目的とする学校である。豊島師範学校に設置された農業補習学校の詳細については記録がなくわからないが、農業科の設置に続き、農業教育、農業実習に力を入れていたことがわかる。

一九三二年七月、成田千里が豊島師範学校五代目校長に就任すると、豊島師範学校の大改革を行った。これは、いわゆる当時批判の対象となっていた「因循姑息な師範生型」（「不活発」、「無主義屈従」、「元気阻喪」といった言葉で表される師範学校生徒）を改めることを目的としたもので、一九三五年に『我が校の新教育』を発表し、学校綱領から、寮生活、学校生活等の具体的な方針が示された。特徴的な改革の内容としては、学寮改革、学外施設の設置・運営がある。学寮改革の特徴としては、全寮制の実施（通学生の廃止）、予科生と本科生とに分け寮と組織を区別、教育実習生用の寮および教員・生徒らが集う新たな集会場の新設、学生総務室の設置と学生自治制の開始などであった。全寮制とすることで、生徒の生活全体を組織化しつつ、風通しのよい場とすべく教員や生徒同士が集う場を設け、生徒たちが自分たちの生活を統制するための自治制を敷くものであった。

この時期に三つの新たな学外施設が設置された。一つは至楽荘（一九三四年、千葉県夷隅郡興津町鵜原）という水泳等体育に関わる演習を行う臨海宿舎で、「海の道場」とよばれた。二つ目は成美荘（一九三六年、東京府北多摩郡東久留米村）で水田、畑、山林、養魚池を備えた農業の演習地で「田園の道場」、もう一つは一宇荘（一九三九年、神奈川県足柄下郡箱根町駒が丘山麓）で登山を通じて心身の鍛錬を行う林間宿舎、「山の道場」である。いずれの施設も都心から離れた大自然を教場にして、豊島師範学校の生徒および附属小学校の児童の心身を鍛錬し、人格を陶冶するための施設であった。これら施設のうち、至楽荘と一宇荘（一九六八年、長野県茅野市に移転）は、現在では公益財団法人豊島修練会が管理・運営を行っており、東京学芸大学附属小金井小学校では毎年三～六年生が「至楽荘生活」および「一宇荘生活」という宿泊行事を行っている。また、成美荘があった場所は、現在東京学芸大学附属特別支援学校および成美教育文化会館（豊島修練会が管理・運営）となっている。

写真Ⅱ-4　豊島師範学校・成美荘全景

東京府大泉師範学校

東京府大泉師範学校は、府内四番目の師範学校として、一九三八（昭和一三）年四月東京市板橋区東大泉町（現・練馬区東大泉）に設置された（**表Ⅱ-1⑨**）。高等小学校卒業者を対象とした本科第一部をおかない、中学校卒業を入学要件とした本科第二部のみの学校であり、それは日本の師範学校の歴史上、初の試みであった。

写真Ⅱ-5　開校当初の大泉師範学校

敷地面積は約一万七千坪で、校舎・寄宿舎等が新築された。初代校長はのちに東京学芸大学初代学長になった木下一雄であった。初年度の志願者数は一道三府三六県から五五六人あり、入学者数は一六四人で倍率は約三・四倍だった。入学者は東京府出身者および関東近県が多かったが、遠方では岩手県や長崎県の出身者もいた。全寮制で、寮舎は一一棟あり、各寮の収容生徒は一学級のみで各寮につき二名の教員がともに生活しつつ訓練・指導をするという形で、少人数制で教科教育だけではない日常生活の指導・教育が行われていた。

大泉師範学校の教育方針として、「実験実習並びに演習を重んずる」、「作業は本校教育に於ける特に重要なる教育場面」とあり、座学による教科教育のみならず、課外活動や校外行事、勤労作業などが重視されていた。特徴的な課外行事に「武教強行軍」とよばれた長距離行軍（学校から山梨県甲府まで一二〇㎞を歩く心身の修練を目的とする行事）や朝鮮・満州への修学旅行などがあった。戦時下においては、勤労作業、軍事演習参加、防空訓練なども行われるようになった。

一九三九年四月、大泉師範学校内に傷痍軍人東京小学校教員養成所がおかれ、傷痍軍人を対象とした尋常小学校本科正規教員の育成が行われることとなった。期間は一年間で中学校卒業者および同等以上の学力を有する者が対象で、初年度入所者は二四人、その内訳は中学校卒業一〇人、実業学校卒業一二人ほか、年齢は二二～三五歳、平均二五歳であった。

2　各師範学校附属学校の機能と展開

各師範学校には、師範学校の教生（教育実習生）のための教育実習の場として、そして授業法の研究の場として、附属小学校および附属幼稚園がおかれていた。図Ⅱ-2は、戦前期東京府の師範学校附属学校の一覧である。各師範学校の設置とともに、附属小学校・幼稚園が附設され、校名や校地も師範学校とともに変遷しているのがわかる。東京府の師範学校で初めて附属小学校が創られたのは、一八七六（明治九）年の東京府小学師範学校附属小学校で、これは現在の東京学芸大学附属世田谷小学校の前身校にあたる。一八七六年三月に出された附属小学生徒募集の達書《たっしがき》によると、創立当初の附属小学校では、満六～一〇歳までの男女児童を対象にまずは六〇人を募集し、同年九月にはさらに三〇人の募集を行った。また一八七五年一一月に東京府が文部省に提出した「附属小学通則」によると、教育趣旨は「教科書ヲ熟シ且行儀ヲ正スヲ主トス」で、教科書を重んじ行儀作法を学ぶことが教育目標に掲げられていた。師範学校附属小学校は通常の小学校とはその存在目的が異なっており、一八八三年の「附属小学校規則」第一条には、「附属小学校ハ師範生徒ヲシテ小学校授業ノ方法ヲ実地ニ練習セシメ兼テ府下小学校教員ニ授業ノ模範ヲ示ス所ナリ」と、また一九〇一年の「東京府師範学校附属小学校規則」には、附属小学校は小学校令第一条に拠り、児童を教育する場であり、師範学校の生徒の実地授業の練習の場でもあり、また小学校における教育方法に関する諸般の事項を研究するところと規定されており、実習校、研究校としての性格が明確に付与されていることがわかる。

実習校としての附属学校

師範学校附属小学校における教育実習は、時期によって実習期間の長短はあるものの、年間を通じて行われていた。一八八〇年代の東京府尋常師範学校附属小学校では、年間を六期に分けて約二か月間の実地授業を行っていた。また、一九二〇年代半ばの東京府女子師範学校附属小学校での教育実習は、最終学年時に一学期間およそ三か月にわたって行われた。豊島師範学校では、三か月の教育実習のほかに、豊島師範学校附属農業補習学校がおかれていた北多摩郡松沢村の松沢尋常高等小学校（一九二〇年、同郡千歳村烏山小学校より移転）において一週間の教育実習を行い、公立学校の実情を学んだ。

青山師範学校附属小学校では長年にわたって八週間の教育実習が行われてきたが、その具体的な内容は以下のとおりである（以下、『師範教育百二十年のあゆみ』一九九〇）。教生は、一学級に二〜三人配属され、担任訓導は、修身と研究教科のみ授業を行い、ほかは教生に分担させた。第一週目は配属学級参観、第二週目からは授業を行い、他学年や他学級の授業参観も行う。第三週目から全学年参観、高等師範学校附属小学校参観、市内および郡部小学校の参観も加えられ、第七週には低中高学年に分けた小研究授業、最終の第八週には教生全員参加の大研究授業および研究会が行われた。実習の初めの時点で分担教科からテーマを見つけて研究をまとめるよう課されており、その研究発表も行われた。また、職員室当番や応接室当番によって来客や電話対応、庶務の処理実習も行われており、まさに教員として必要な日常的な技術をも学ぶことができるようプログラムされていた。

写真Ⅱ-6　女子師範学校・教生指導（1914年）

戦前期における附属学校の特徴的な教育研究・実践

師範学校附属小学校では研究校として、どのような教育研究・実践が行われていたのか、ここでは青山師範学校附属小学校での特徴的な取り組みについて、いくつか取り上げる。

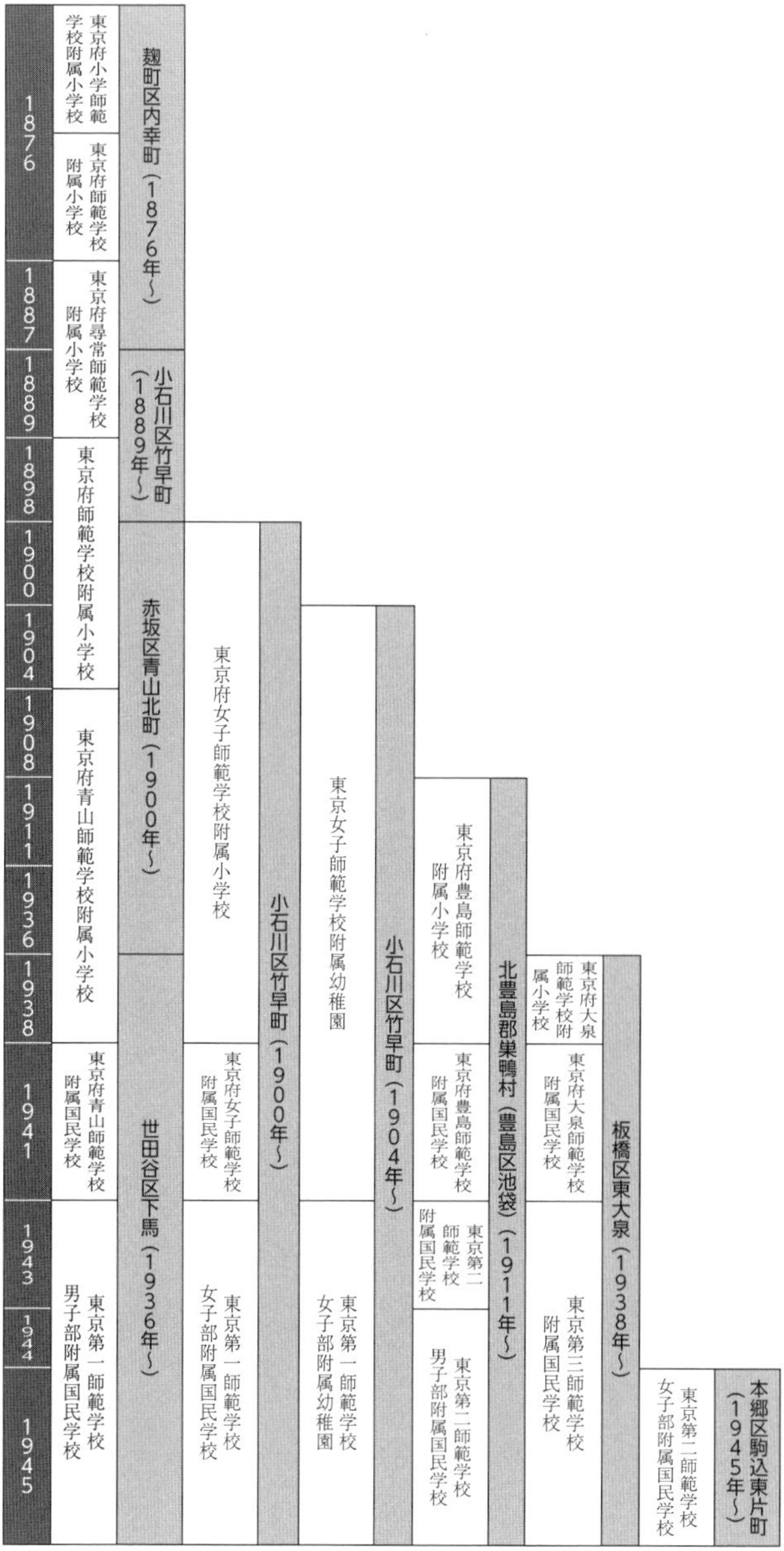

図Ⅱ-2　戦前期 師範学校附属学校 校名・校地変遷一覧

庶物指教の導入

学制発布当時、文部省による「小学教則」と師範学校（のちの東京高等師範学校、現・筑波大学）による「小学教則」とがあったが、そのわかりやすさや教科書等教材の多くが師範学校で編集されていたこと、また師範学校の卒業生が各府県教則の編成や教授法の指導にあたっていたことから、師範学校の「小学教則」に準拠した各府県の教則が作成され、「庶物指教」を用いたペスタロッチ主義の教育法が全国の小学校で行われていたという。創立初期の附属小学校でも、この師範学校の作成した「小学教則」に則って授業が行われていた。「庶物指教」とは、児童に身近な事物をよく観察、体験させ、その性質や用途などを教師―児童間で問答し、実感をもった理解へ導こうとするもので、小学校低学年の教授法として考案されたものであった。特に新教科であった「問答」においてはその教授法が明確になっておらず、附属小学校ではこの「庶物指教」を用いた「問答」の授業法の研究や教図の指導法の研究に着手した。「庶物指教」は単に「問答」一教科に閉じた教授法ではなく、読物や算術などの教科においても直観的に具体的に学ばせるという、各教科の授業法をつらぬく基本原理としてこの当時重用された。

直観科教授の研究

青山師範学校附属小学校では、一九一九（大正八）年から直観科の研究を始め、一九二一年四月に尋常科一～三学年に対し、直観科を設置した。直観科は、直観を通して充実した生活基盤を整えさせることを目的としており、一九二七年にまとめられた『直観科教授の研究』には、直観科の実際の授業細目がまとめられている。これによると、直観科は、児童の生活において密接な関係のある事物および現象を直観に訴えて学習することによって、すべての精神作用のもととなる観察力を修練し、観察を通じて思考力や想像力を養い、観察や思考の結果を言語や図表等を使用し発表することによって発表の技能を練成することができる。そして、これら一連の作業を通じて得た思想は明確かつ豊富なものとなり、物象に対して親性の気持ちを育成することとなる。親性は物象に対して追求的に学習する態度を創り出すこととなり、すべての問題に対して自発的に研究する態度を涵養することになるという。この『直観科教授の研究』は、発刊後、多くの研究校の指針となった。

戦時下の鍛錬教育

一九三八（昭和一三）年一二月、国民学校案が答申され、従来の小学校令に変わることが確定的になったことを契機に、青山師範学校附属小学校では「皇国民錬成」をめざした国民学校研究が始まった。国民学校は、「皇国ノ道ニ則リテ初等普通教育ヲ施シ国民ノ基礎的錬成ヲ為スヲ以テ目的トス」（「国民学校令」第一条、一九四一年公布）るもので、一九四〇年には『国民学校皇民錬成の研究』にまとめられた。

戦時体制下の青山師範学校附属小学校では、阪本一郎主事の心理学研究を基礎に「皇国の道」を説明する試みが行われた。それは、個人が行動の場に臨んだとき、己をむなしくして場を生かすべきであり、場はまた、己をむなしくして個人を生かすべきであるとするもので、自我を生かす「場」という考え方を無に帰するという意味の「座」に置き換えた「座の教育観」と称し、滅私奉公の人格適応論の提唱であった。この「座の教育観」を原理とした鍛錬教育の実践が組み立てられていくこととなる。

Ⅲ　官立の新制師範学校の時代

1　官立の新制師範学校への移行

一九四三（昭和一八）年四月、府下各師範学校の名称が変わった。世田谷に移転して間もない東京府青山師範学校は東京第一師範学校男子部に、竹早の東京府女子師範学校は東京第一師範学校女子部に、池袋の東京府豊島師範学校は東京第二師範学校に、そして東京府大泉師範学校は東京第三師範学校に、それぞれ改称された。この改称は、単なる名称変更にとどまらない、師範学校制度の大きな改革を踏まえたものであった。まず、一九四三年四月を期して実施された新しい師範学校制度（以下、本章では、一九四三年四月以降の師範学校を「新制師範学校」とする）のあらましを見てみよう。

一九四三年三月八日に勅令第一〇九号として「師範教育令改正」が公布され、師範学校は大きくその姿を変えることになる。初等教育の教員養成を担うという目標（改正師範教育令第一条「師範学校ハ皇国ノ道ニ則リテ国民学校教員タルベキ者ノ錬成ヲ為スヲ以テ目的トス」）は変わらなかったが、学校の設置のあり方が「官立」（今日の語感でいえば「国立」）とされた。それまでは道府県立であり、道府県知事の管理下におかれていたが、この改革を期に文部大臣が直接管轄する官立の学校となったのである。また、生徒を収容する枠組みとその入学資格も大きく変わった。それまでは、主に高等小学校第二学年修了以上の者に五年の教育を課す第一部と、中学校（男子）や高等女学校（女子）卒業と同等以上の学力を有するとされた者に二年の教育を課す第二部とから構成されていた。この改革によって、師範学校の教育課程は、中学校もしくは高等女学校を卒業した者に三年の教育を課す本科に一本化されることとなったのである。

戦前には、「高等ノ学術技芸ヲ教授」し、原則として「中学校若ハ修業年限四箇年以上ノ高等女学校ヲ卒業」することを入学資格とし、修業年限を「三箇年以上」とする「専門学校」と呼ばれた学校があった（根拠法令は、一九〇三年勅令第六一号「専門学校令」。この専門学校の多くは、戦後、新制大学に移行した）。一九四三年の師範教育令改正による師範学校の改革は、入学資格や修業年限がこの専門学校と同等になることから、「専門学校程度」への昇格といわれる。

一九四三年の師範学校制度の改革には、複線的といわれる戦前の学校体系の中でも特別の位置におかれていた師範学校を、中学校・高等女学校卒業生の進学を原則とする段階の学校に昇格させ、あわせて道府県立であった学校を官立に移管させてその権威を高める狙いがあった。本章は、師範学校が昇格を勝ち得るに至った背景から、昇格後の師範学校の教育課程の特徴などにも言及し、あわせて東京府・都下の各師範学校の状況などを見ていくこととしたい。

なお、この東京府・都下の新制師範学校を母体に、戦後、東京学芸大学が新制大学として発足する。そのため、この新制師範学校の生命は、最後の卒業生を出した一九五一年三月までのわずか八年に過ぎない。かつ、昇格自体が、アジア・太平洋戦争が激化する一九四三年のことで、敗戦後ようやく昇格の実質的効果を体得し始めたところで大学への昇格を迎えたため、その実態は必ずしも明らかではない。しかし、見方を変えれば、新制師範学校があったからこそ東京学芸大学への昇格が可能になった側面もある。師範学校から東京学芸大学への飛翔を準備した時期として、この新制師範学校の歩みをたどってみたい。

2 師範学校「昇格」の背景とその前史

師範学校のあり方をめぐる議論

一九四三（昭和一八）年の「昇格」に至るまでには、長い前史があった。そもそも森有礼文相時代の師範学校令公布以来、それに規定された師範学校のあり方（兵式体操や寄宿舎の存在に象徴される軍隊式と言われた教育）には、在校する生徒からの不満がしばしば表出され、各地の師範学校で時には紛擾事件と呼ばれるトラブルも起こったほか、そこで養成される教師のあり方についての批判もあって、師範学校のあり方をめぐってはさまざまな改革案が提起されてきた。ちなみに前者については、豊島師範学校で、一九三〇年一一月に起こった同盟休校事件があげられる。この事件は、最後は警察力の介入によってようやく解決したほど激烈で、全国的にも注目された。後者については、師範学校の教育が結果として「師範型」と呼ばれる偏狭で闊達さを欠く人物を教員として輩出するとして批判の対象とされたものである。

したがって師範学校制度は、常にそうした改革案にさらされ、また、しばしば制度改革が行われた。第二部の設置、修業年限の変更などに、教育内容(「教授要目」と呼ばれた)の改定までも加えれば、特に大正中期以降、その変化はめまぐるしいものであった。

なかでも、一九四三年の昇格に先立つ師範学校の大きな制度的改革は、一九三一年に実施された師範学校規程の改正であった。この制度改正により、それまで一年間とされていた第二部の修業年限が二年に延長され、その位置づけが第一部と対等なものと見なされるようになった。その結果、かえって師範学校の「本体」は第一部と第二部のどちらであるべきかといった議論にも拍車がかかるなど、師範学校の制度的あり方をめぐって改革の必要性が強く認識されるようになったのである。この一九三一年の師範学校規程改正に先立つ一九二九年から一九四二年までの間には学制改革をめぐって五〇点の改革案を確かめることができるというが、そのうち直接に師範教育制度の改革を論題としたものだけで九点に及んだという。いわばこの昇格は、そうした改革論議の延長上に位置づけることもできる。

教育審議会での師範学校をめぐる審議

一九三七年一二月、近衛文麿内閣は、教育審議会を発足させ、全面的教育改革をめざして広範囲の審議を行わせた。この審議会では、小学校を初等科六年・高等科二年の国民学校として、義務教育八年制を提言したが、これによる義務教育の拡大は必然的に師範教育のあり方にも影響を及ぼす。教育審議会では、初等教育の教員養成を担う師範学校のあり方について広範な視点から議論が展開されたのである。

学校体系全体における師範学校の位置づけの問題、従来の第一部・第二部のあり方の問題、師範学校における教育内容の問題、新たな制度による国民学校の教員（訓導）となる卒業生の待遇の問題をはじめ、教育審議会での議論は多岐にわたったが、最終的に、一九三八年一二月八日に開催された教育審議会第一〇回総会において、「師範学校ニ関スル要綱」が審議・承認された。その中から、一九四三年の昇格との関係から特に重要なものを、三点掲げておこう。

（1）師範学校ハ道府県立トシ、国民学校ノ教員ヲ養成スル所トスルコト
（2）師範学校ノ修業年限ハ三年トシ、中等学校卒業程度ヲ以テ入学資格トスルコト
（3）道府県ハ高等国民学校卒業者ニ対シテモ適当ナル教育施設ヲナシ師範学校入学ノ途ヲ開クコト

まず（1）では、師範学校の設置形態と目的が述べられている。実際と異なり、この段階では従来通

りの「道府県立」とされている。（2）では入学資格を中等学校卒業程度とするが、（3）において、高等国民学校すなわち国民学校高等科を卒業した者についても、何らかの措置を用いて、国民学校高等科卒業と中等学校卒業との間に生じる三年の間に、師範学校への入学が可能となるように何らかの教育施設を設置することを求めている。これは、従来の師範学校第一部（高等小学校第二学年修了を入学資格とする）に入学した層を対象に引き続き師範学校への入学を可能とするための提言と見られよう。

この要綱が出されたあと、師範学校関係者を中心に、その「断行」とあわせて、「道府県立」ではなく「官立」への移行を求める運動が続けられた。帝国教育会、全国師範学校校長会議など教育関係団体の運動は、国民教育振興議員連盟を動かすにも至っている。そうした運動の結果、対米開戦直後の一九四二年一月六日の閣議で「師範学校制度改善要綱」が、

一、師範学校ハ之ヲ官立トシ専門学校程度トスルコト
二、師範学校ニ国民学校高等科修了者ノ為ニ予科ヲ置クコト
三、本制度ハ昭和十八年四月一日ヨリ之ヲ実施スルコトトシ昭和十七年度中ニ之ガ為必要ナル準備ヲ完了スルコト

と決定され、師範学校の「官立」化と国民学校高等科修了者に師範学校への進学の途を開くための「予科」の設置が正式に認められるに至ったのである。

3 昇格後の師範学校

昇格

こうして一九四三（昭和一八）年四月一日、改正後の「師範教育令」によって、師範学校は、その入学資格を中学校もしくは高等女学校を卒業した者とし、本科の修業年限を三年とする、いわゆる専門学校程度の学校に昇格した。東京府の事情に即せば、新制度では、「師範学校ニ男子部及女子部ヲ置ク」（改正師範教育令第三条）とされたことから、竹早に位置した東京府女子師範学校は、世田谷の東京府青山師範学校と統合されて官立の東京第一師範学校を構成することとなってその女子部となり、青山師範学校はその男子部とされた。また、東京府豊島師範学校は東京第二師範学校に、東京府大泉師範学校は東京第三師範学校にそれぞれ改称のうえ昇格したのである。

また、改正師範教育令第三条により、東京第一師範学校の男子部・女子部にそれぞれ予科が設置され、東京第二師範学校にも予科が設置された。東京第三師範学校には予科が設置されなかったが、これはその前身校である大泉師範学校が、中学校卒業者のみを収容する第二部だけの師範学校であったためである。

なお、予科の修業年限は二年とされた。これは、アジア・太平洋戦争の激化に伴い、中等学校の修業年限が四年とされたことに合わせたものである。

この昇格に際し興味深いことは、一九四二年度までに入学した生徒についても、新制度に移行させたことである。まず、一九四三年三月に卒業を迎えることとなっていた男子生徒は、第一部五年生及び第二部二年生について卒業証書を授与せず、そのまま在学させた（ただ、改正師範教育令の附則において「師範学校男子部本科ノ修業年限ハ昭和十八年度及昭和十九年度ニ卒業スベキ生徒ニ付テハ六月之ヲ短縮ス」との規定があり実際の延長は六か月にとどまった）。第一部に在学中の生徒についても一九四二年度から、昇格を前提とした扱いが行われた。たとえば、一九四〇年四月に第一部に入学した生徒は一九四二年四月に三年生に進級すべきところ、制度上まだ存在しない「予科」三年生として扱われている。

「官立」化の影響

さて、師範学校の「官立」化は、今日の時点から見ても興味深い事態をもたらしている。それは、一九四三年三月二四日の「文部省直轄諸学校官制」の改正により、四月以降に官立化、すなわち文部省の直轄管理下に入ることとなった師範学校に、高等師範学校に次ぐ序列が与えられたことである。すなわち、東京第一師範学校等を含む北海道第一師範学校以下の新制師範学校は、文部省直轄諸学校官制第一条において、東京女子高等師範学校、奈良女子高等師範学校に次ぐ地位を与えられたのである。これは、高等工業学校等の実業系官立専門学校はもとより、当時帝国大学への進学を優先的に保障されていた第一高等学校（現在の東京大学教養学部の前身）などの高等学校よりも、新制師範学校は上位に列したことを表している。当時の文部省が、師範教育を重視していたことを意味していたともいえるだろう。

また、この高い序列が単なる形式的なものではなく実質的に意味をもったことは校長の人事からも窺うことができる。そもそも昇格前であっても、師範学校の校長だけは正式な官吏として奏任官とされていたが、この昇格によって原則として勅任官とされている。またそればかりではなく、後述するように、東京府青山師範学校が東京第一師範学校に昇格するに際して、同校校長の三国谷三四郎は勇退を余儀なくされたが、替わりに校長として赴任したのは、山口高等学校の校長を務めていた藤本万治であった。昇格前であれば、高等学校の校長が師範学校の校長として異動するなどということはあり得なかったはずである。教員についても、それまでの「教諭」は、「教授」もしくは「助教授」と改称されるなど、官立化に伴って、師範学校の学校としての格は確かに上昇したのである。

教育課程と教育内容

昇格後の師範学校の教育課程は、改正された師範学校規程によって定められた。女子部を例にとってみてみよう。その概要は**表Ⅲ-1**のとおりである。全体が、基本教科と選修教科に分けられている（これは男子部も同様）ことと、基本教科の教科編成が、国民科・教育科・理数科・家政科（男子にあっては実業科〈農業・工業・商業・水産から選択〉）・体錬科・芸能科となっていて、従前の、修身、公民科、教育、国語漢文、歴史、地理、英語、数学、理科、家事、裁縫、図画、手工、音楽、体操という教科構成と比較して大括りされている。

表Ⅲ-1　女子部本科学科課程表

教科科目			毎週授業時数			
			第１学年	第２学年	第３学年	
基本教科	国民科	修身公民	2	2	4	教育実習
		哲学				
		国語漢文	4	2	2	
		歴史	3	2	2	
		地理				
	教育科	教育	2	2	3	
		心理	3	2	1	
		衛生				
	理数科	数学	2	2	1	
		物象	5	3	3	
		生物				
	家政科	家政	3	3	3	
		育児保健				
		被服	2	2	2	
		農芸	1	1	1	
	体錬科	教練	4	4	4	
		体操				
		武道				
	芸能科	音楽	2	2	2	
		書道	1	1		
		図画	2	2	2	
		工作				
	基本科目ニ充ツベキ時数		36	30	30	凡ソ 12 週
選修教科	国民科			3 ～ 6	3 ～ 6	
	教育科			3 ～ 6	3 ～ 6	
	理数科			3 ～ 6	3 ～ 6	
	家政科			3 ～ 6	3 ～ 6	
	体錬科			3 ～ 6	3 ～ 6	
	芸能科			3 ～ 6	3 ～ 6	
	外国語科			3 ～ 6	3 ～ 6	
	選修教科ニ充ツベキ時数			6	6	
修練			4	4	4	
毎週授業時数			40	40	40	凡ソ 12 週

まず前者についていえば、修練四時間を除いた一週当たり三六時間の授業時数のうち、本科一年生はそのすべてが基本教科の学修に、本科二年生・三年生は基本教科に三〇時間、選修教科に六時間が充てられていた。この選修教科は、生徒の興味関心に応じて、原則として基本教科の中から一教科を選択させてより深化した学修をさせるものであった。この選修教科の淵源は、一九三一年の師範学校規定の改正の際に導入された第一部四年生以上に選択させた増課科目に求められるが、ひいては戦後の東京学芸大学の教育組織の名称（例えば、二〇二二年度入学生まで東京学芸大学教育学部の初等教育教員養成課程においては、社会「選修」のような名称で教育組織が編成されていた）にも引き継がれたと考えられる。

後者の科目を大括りに再編成した教科構成については、これは、同時期の国民学校の教科編成に合わせたもので、「国民学校の教科目編成の論理に従属」させたものとの見方も可能であるが、国民学校の教員を養成する師範学校の目的に照らせば当然の対応であったろう。したがって、国民学校の教育内容を意識せざるをえない教育課程編成のあり方や、従前と比較して師範学校の中核たるべき教育科の時数がほとんど増えていないことを、「新制師範学校で養成されるべき教員資質を、『専門学校程度』の教職専門教育とは何かという原理的考察」から導かれたものではないとする評価（清水康幸による）も存在する。

しかしながら、一部の科目の教育内容に着目すれば新制師範学校に期待される教育水準について違った見方が浮かび上がってくる。ここで、国民科歴史において定められた教授事項と、一九四二年段階での高等学校で定められた国史科の教授内容に着目して検討してみたい。新制師範学校の教育内容は、一九四三年四月に文部省訓令第六号として公布された「師範学校教科教授及修練指導要目」によって定められており、その中の国民科歴史の教育内容を、一九四二年三月に文部省訓令第七号として定められた「高等学校高等科臨時教授要綱」（高等学校高等科とは、中学校を卒業した男子のみが入学することができた教育機関で、各帝国大学への優先的な入学資格が認められていた）における歴史科の中の国史の教育内容と比較してみると、その内容は実はほぼ同一なのである。憶測を逞しくすれば、新制師範学校での教科教授の指導要目を作成する過程で、高等学校高等科の教授要綱が参考とされた可能性は否定できない。また、専攻が「文科」と「理科」に分かれ、かつ帝国大学での学修を見通して教育課程のおよそ三分の一を外国語の学習に充てる高等学校と、国民学校の教員を養成するために、国語漢文や歴史から数学、ひいては実業科目（農業・工業・商業・水産）や音楽や図画・工作までを学ばなければならない師範学校の教育課程とを比較すること自体にさほど意味はないのかもしれない。ただ、そうであっても次のようなことはいえよう。それは、国民学校教員の養成を目的とする師範学校において学修すべきとされる個々の科目の内容について、当時「男子ニ精深ナル程度ニ於テ高等普通教育ヲ施シ国家有用ノ人物ヲ錬成シ大学教育ノ基礎タラシム」（一九四三年四月改正「高等学校令」第一条）ための教育機関であった高等学校高等科とほぼ同程度の内容が求められていたのではないかということである。別の例を挙げれば、新制師範学校の国民科国語漢文で学修すべき教材と、高等学校高等科の古典科で学ぶべき教材とでは、両者ともに、古事記、万葉集、四書（儒教の経典である大学・中庸・論語・孟子のこと）が必修とされたことなども注目すべきである。つまり、昇格後の新制師範学校での個々の科目の教育内容は、中学校・高等女学校卒業生を入学させて学ばせるに足る内容が準備されていたのである。

むろん、アジア・太平洋戦争下の教育が軍国主義的な側面に流されていたことは留意すべきである。

一九四四年四月に東京第一師範学校本科に入学し、卒業後は日本史学の研究者となり、後年東京学芸大学の学長も務めた阿部猛の回想によれば、国史の教科書は文部省編『師範歴史』全二巻であり、その序説の「一　国史の展開」は、「国体」「国民精神」「国民の責務」「国史教育の意義」から構成され、それに続く「二　歴史学習の意義」は、「万邦無比の国体を有する我が国に於いては、国史は我が国民の精神的活動の生成発展の遺跡である」といった調子で書き出されていたという。

ただ、一方で阿部の回想には興味深いものもある。それは彼が国史の講義を受けた千々和実《ちぢわみのる》の授業内容であって、「教科書をまったく無視して、聖徳太子の三経義疏《さんぎょうのぎしょ》と、古代の仏像の詳細な解説をしただけであった」という。阿部は、千々和の授業内容を回顧して「研究者としての節度を保っていた」と推し量っているが、見方を変えれば、昇格後の師範学校には、時局への一定の配慮は求められたのであろうが、専門学校程度にふさわしく、かつ高等学校にも比肩しうる授業を実施せんとする気風が存在したともいえるのではないだろうか。この時期に広島師範学校に学んだ生徒の回想を紹介しておこう。

> 師範学校教諭の先生方に、教授・助教授の肩書きがついたのにふさわしく、各学科とも学と名づけ得る書物がテキストとして与えられた。それは従来の教科書のように、知識として学べばすむものではなく、思考を必要とし、学問の手がかりを与えてくれる書物であった。

後述するように、戦時体制の激化に翻弄されて、新制師範学校への昇格は必ずしも制度的変革の想定通りの内実をもたらすものではなかったが、少なくともこの回想からは、この「昇格」が師範学校のあり方を質的にも大きく変える契機になったことを窺うことができるだろう。

4　未完の「昇格」——戦時下の師範学校——

アジア・太平洋戦争が激化する過程での昇格は、教官や生徒たちがその果実を十分に体得する前に、戦時体制に翻弄されていくことになる。幸い、師範学校の場合には、教員確保の観点から、他の大学、高等学校、専門学校等のような在学年限の短縮を求められることはなかった。一九四四（昭和一九）年～四六年三月卒業予定の男子生徒の卒業は六か月短縮されたが、それは学校現場での教員不足への対応が理由であった（本科女子部の修業年限は、昇格後も二年とされたが、これも教員不足への対応であった）。この点でも、当時の教育行政が教員養成の中核的教育機関である師範学校の生徒を重視していたことが窺える。実際、一九四三年一〇月に「教育ニ関スル戦時非常措置方策」が閣議決定された際でも、師範学校には教員確保の必要性から、授業の継続や組織の拡充さえも指摘されていた。ちなみにこの方策では、義務教育八年制の実施延期や、学徒の勤労動員期間の拡大（一年の三分の一まで可）が謳われていた。

しかしながら戦局の悪化は師範学校への優遇継続を許さなかった。一九四四年二月に発出された「師範学校ニ於ケル戦時非常措置ニ関スル件」では「師範学校教育内容刷新要綱」が定められ、教育内容の方向性が「戦力増強」に焦点化された。続く一九四四年五月には文部省訓令第三五号「師範学校及青年師範学校ニ於ケル学徒勤労動員ニ伴フ課程及教育実習ニ関スル臨時特例」が発令され勤労動員のための授業時数の変更などが可能となり、次いで同年八月の「学徒勤労令」により、「勤労即教育」のスローガンのもと事実上師範学校の教育は停止状態に追いこまれる。たとえば第二師範学校本科一九四四年度入学生の動員先であった爆撃機の配電盤を製作していた蒲田の羽田電機が空襲で消失し、その工場が山梨県に移転すると、動員されていた生徒も同行させられ、農家に分宿して引き続き職務に従事したという。

また、師範学校の教育内容に教科とは別に「修練」が含まれたことにも留意すべきである。そもそも一九四三年の改正師範教育令に掲げられた師範教育の目的は、「国民学校教員タルベキ者ノ錬成」であった。この時期「錬成」という語は教育言説の中で頻出しており、その一環として、さまざまな学校での教科外の教育活動として「修練」が採用されたのである。新制師範学校での修練については、「行的修練ヲ中心トシテ教育ヲ実践的綜合的ニ発展セシメ教科ト併セ一体トシテ尽忠報国ノ精神ヲ昂揚シ教育者タルノ資質ヲ錬成スル」(「師範学校規程」第十五条)ものであり、「修養研究、心身鍛錬及勤労作業ニ関スルモノトシ適宜日課ヲ定メテ之ヲ課スル外特別ノ行事トシテ学年中随時ニ之ヲ課スル」(『師範学校教科教授及修練指導要目』)こととされていた。ただ、心身鍛錬や勤労作業のみではなく「学芸研修」も奨励されていて、その中には「東亜及世界事情(語学ヲ含ム)ニ関スル」(『師範学校教科教授及修錬指導要目』)研修なども提示されており、「修練」自体は幅広い内容が含まれていた。とはいえ「修練」が、戦時体制下における軍国主義教育の象徴的位置にあったことは事実であり、新制師範学校もそうした動向の中で歩みを進めなければならなかったのである。

5　各師範学校の動向

東京第一師範学校

新制師範学校の発足に伴い、東京府青山師範学校が東京第一師範学校の男子部に、東京府女子師範学校はその女子部となった。

一九四三（昭和一八）年の新制師範学校への移行に先立って、青山師範では一九四二年度の第一部四年生・第二部入学生から旧制を改め、本科・予科の制度を試行していた。これは、当時の校長であった三国谷三四郎が教育審議会での審議の過程で、熱心に師範学校の昇格を訴えていたことから敢えて試行的な試みをしていたものと思われる。

写真Ⅲ-1　三国谷三四郎校長

新制東京第一師範学校の校長には引き続き三国谷が就任すると目されていたにもかかわらず、文部省の方針でそれがかなわず、三国谷は辞職の道を選んだ。一九四三年四月五日に講堂で開催された三国谷の離任式は、「満場声なく嗚咽の声ひびく中に」進められたという。

また、女子師範学校は東京第一師範の女子部となったが、従来、女子師範学校は、府立第二高等女学校と併置されており、教員も事実上両校を兼務する形となっていた。新制師範学校の発足に伴い、当然であるが、この併置関係は一年間の移行期間を経て、解消されることになった。

東京第二師範学校

現在池袋西口公園となっている地を中心に発展してきた東京府豊島師範学校は、東京第二師範学校となった。

一九四四年四月、第二師範に女子部が新設されることとなったが、これは戦時中に男子教員の応召などによる教員不足を解消することが目的であった。女子部は、本郷区駒込東片町二番地にあった第一追分国民学校校舎を東京都から引き継いで設置された。しかし、東京都から継承した「鉄筋建て白亜の校舎」の中には、机一つだになく「全くガランドウのあき家」であったという。これは校舎の明け渡しの際に、近隣の学校が器物を持ち去ったからであったが、そのため、女子部の発足に際しては教官用・生徒用の机などは、文部省をはじめ、追分近隣の東京帝大農学部、また神田一橋にあった旧東京外国語学校から運搬してようやく学校としての体裁を整えたという逸話が伝わっている。

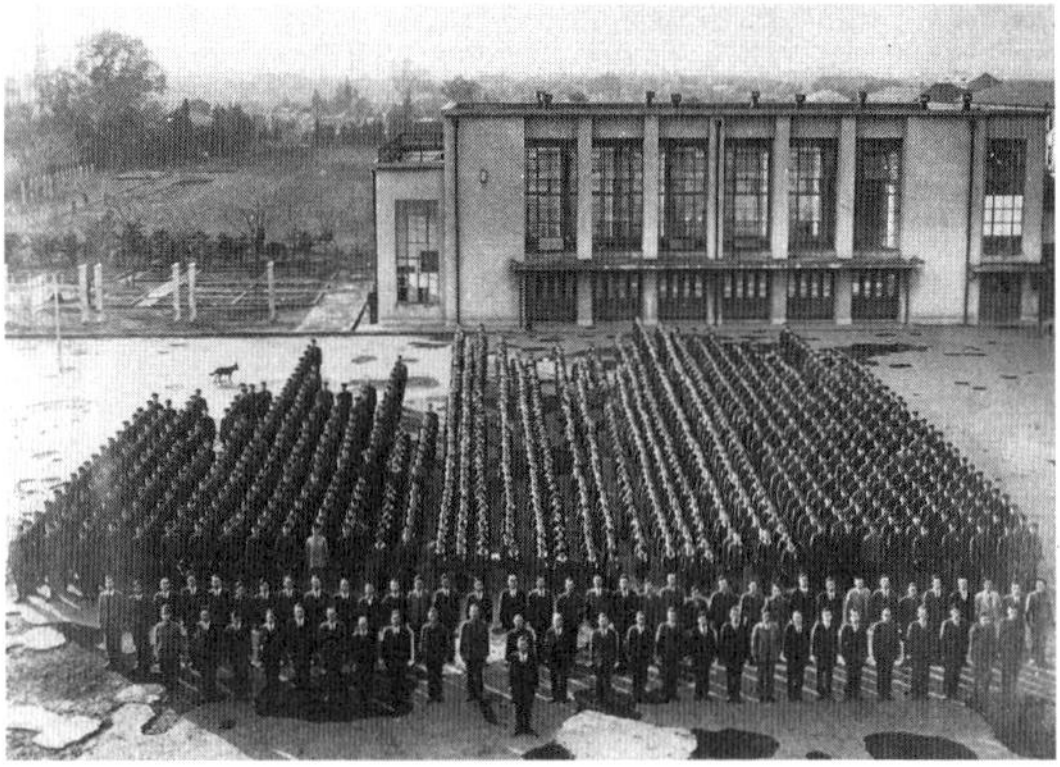

写真Ⅲ-2　青山師範学校を送る（1943年3月31日）

東京第三師範学校

東京第三師範学校の前身となる東京府大泉師範学校は中学校卒業生もしくはこれに准ずる学力を有する者のみを入学させる本科第二部だけの師範学校であった。これは将来の師範学校の昇格の可能性をも見通した実験的な開校であった側面もあり、そのため、一九四三年の新制師範学校への昇格も、円滑に進められた。もともと本科第二部だけの学校であったから、昇格後も予科は設置されていない。

また、敗戦直後の一九四八年三月に東京第三師範学校の講師となり、戦後長く東京学芸大学の教官を務めた星野安三郎によれば、「第三師範は旧制高校と同様に自由な雰囲気」であり、大学を卒業したばかりの星野のような者の話もちゃんと聞いてくれる環境であったという。もともと第二部だけから成っていた師範学校の性格を考えるうえで興味深い指摘ともいえよう。

6 東京青年師範学校の創立

新制師範学校への転換が進行しつつあった一九四四（昭和一九）年二月、師範教育令が一部改正され、四月から東京都立青年学校教員養成所は、官立に移管され、東京青年師範学校となった。青年師範学校とは、「青年学校教員タルベキ者ノ錬成ヲ為ス」ことを目的とする学校であり、この学校の性格を理解するには、青年学校という、今日では耳慣れない学校の概略を確かめておく必要がある。

一八九〇年、小学校を卒業した後上級学校に進学しない者を対象とする実業補習学校という学校が制度上認められ、小学校教育の補習や職業教育を施した。この学校は、その後全国的にも開設数が増加し一九三三年一二月には一万五千校余りに達し、生徒数も男子九三万人、女子四五万人に達した。一方、一九二六年四月に陸軍省の要請もあり民間の軍事教練が強化されることになり青年訓練所が設置されたが、しだいに上級学校に籍を置かない青年を対象に訓練と教育を行うこの二つの学校を合流させる方向性が打ち出され、一九三五年、青年学校令が公布され、「男女青年ニ対シ其ノ心身ヲ鍛錬シ徳性ヲ涵養スルト共ニ職業及実際生活ニ須要ナル知識技能」を授けることを目的とする青年学校が設置されたのである。

したがって、東京青年師範学校の源流は、実業補習学校の教員養成機関にまで遡らなければならない。東京府におけるそれは、一九二〇年に、西多摩郡青梅町の府立農林学校に附設される形で設置された東京府立農業教員養成所であり、当初は、小学校の本科正教員のうち農業教育に関心をもつ者が入学したという。翌年、新たに「実業補習学校教員養成所令」が施行されたことに伴い、校名を東京府立農業補習学校教員養成所と改めている。

一九三五年の青年学校制度の発足によって、「青年学校教員養成所令」が公布されたことに伴い、校名を東京府立青年学校教員養成所と改め、さらに二年後の一九三七年には東京市目黒区駒場町の東京農

写真Ⅲ-3　青年師範学校校舎・調布（1940年頃）

業教育専門学校に移転附設する。青梅から市内に移転した背景には、社会の変化に伴い、農業教育ばかりではなく、商業・工業方面の教育も必要になったことがあった。事実、駒場に移転した後の一九三九年には、農業科ばかりではなく工業科・商業科が増設され、修業年限三年の本科に改制されるに至った。一九三八年、当時の政府が青年学校教育の拡充（男子について、前期課程にあたる二年間の普通科の就学を義務化）方針を出したことから、東京府は、商業・工業方面での青年学校教員の養成拡充に着手し、その結果駒場の校地では間に合わないこととなって世田谷に移転した青山師範学校の跡地（当時の赤坂区青山北町）を活用することとなり、次いで駒場の農業科も青山に移転することとなったのである。一九三九年四月のことであった。

しかし青山師範の跡地には、府立第十二中学や労働科学研究所などが同居していたため狭隘さに悩まされることとなり、当時の北多磨郡調布町に新校舎を建設して移転することとなった。一九四〇年一〇月のことであった。本節冒頭で記したように、一九四四年四月の師範教育令の一部改正に伴い、東京都立青年学校教員養成所（一九四三年七月に東京府と東京市を廃止し、東京都が設置されたことにより、「東京府立」から「東京都立」に改称されていた）は、東京青年師範学校に昇格することとなったのである。

しかし、昇格はしたものの、生徒が勤労動員に翻弄された状況は、他の師範学校と同様であった。

7　東京第二師範学校男子部校舎の被災と小金井への移転

東京学芸大学が現在小金井の地にキャンパスを構えている歴史的要因は、一九四五（昭和二〇）年四月一三日夜の池袋の東京第二師範学校男子部校舎の空襲による被災に求められる。

一九四五年四月一三日の夜一一時ごろ、空襲警戒警報が発令され、都内各地に米軍機の投弾がはじまり、池袋校舎の付近にも火災が発生して学校内にも火の粉が飛来してくすぶりだしていたところに、北寮の東北隅の二階の棟に焼夷弾の直撃があった。火はたちまち、北寮から食堂へ、また協寮から本校舎へと燃え広がり、校内に駐屯していた陸軍部隊の消火活動もむなしく、附属国民学校の校舎を除いてことごとく炎上してしまった。このとき、寮監長を務めていた櫻井芳朗教授は、猛烈な煙にまかれながら寮の米を運び出そうとし、「こいつを助けなければ明日生徒に食わせるものがないんだ」と同僚に語ったという。櫻井とともに最後まで校舎の燃え落ちるのを見続けた三橋文雄（のち日展会員）によれば、「最後に一番高く聳えていた講堂の建物が炎上したのだが、其の光景は最もすさまじいものであった。溶鉱炉から出たばかりのオレンヂ色か白熱の鉄棒で構築でもしたかのように、炎の中空にくっきりと其の骨格が浮かび上った」ということであった。幸い、職員・生徒に死傷者はなく、また、生徒たちが重要書類等を校内から搬出して地下に埋めたりした結果、学籍簿等の重要書類は焼失を免れたという（『桜井芳朗追悼録』一九六九）。

被災後の第二師範男子部は、附属国民学校の校舎に仮住まいして校務に当たりながら、学園再興の道を探った。その際、当然ながら池袋の地での再建も視野に入っていたが、敗戦直後での新建築の困難さを踏まえ、授業のできる校舎を探すことを最優先に、旧軍施設の建物を候補とし、複数の候補地と交渉の末、最終的に、当時の小金井町貫井にあった旧陸軍第三技術研究所の跡地に移転することを決定するに至ったのである。移転の決定は一九四六年五月七日、わずかトラック三台分の荷物を運び込んで、一九四六年度第一学期の始業式は、五月二七日に挙行されたということである。

第二師範が位置した池袋駅西口の地は、立教大学よりもはるかに駅に近く極めて便利な地であり、今日かの地に東京学芸大学が位置していれば……との思いもよぎらないではない。しかし、昇格前の師範学校は、中等教育段階の学校に位置づけられていたのであって、その校地の規模は、現在の感覚からいえば、高等学校の規模に相当する程度である。実際、かつての東京第一師範学校男子部の跡地は現在の附属高等学校の地であり、第三師範の跡地は附属国際中等教育学校・附属大泉小学校の地となっていることからも大学の校地としては手狭であることは理解できるだろう。やはり、それぞれの校地は大学として求められる規模には程遠く、仮に戦災による池袋校舎の焼失がなく、戦後の新制大学の発足後、世田谷・竹早・池袋・追分・大泉・調布の六分校体制で大学運営が進んだと仮定すると、恐らくどこかの時点で、より大きなキャンパスを求めての統合・移転は必須だったと考えられる。それが、中央大学の八王子移転等が行われた一九七〇年代に実施されたと仮定するなら、その移転先は恐らく現在の小金井の地のような比較的便利な土地ではなかったと推察される。このような観点からも、一九四六年の東京第二師範学校関係者の小金井移転の英断あっての現在の東京学芸大学ということがいえるのである。

8　敗戦後の師範学校

一九四五（昭和二〇）年八月一四日のポツダム宣言受諾と、九月二日の連合国軍に対する降服文書への調印により日本は敗戦を迎えた。占領下、日本国憲法の制定を筆頭にさまざまな変革が進められる中で、教育のあり方、ひいては教員養成のあり方も大きな改革が加えられた。その結果「大学による教員養成」の原則のもと、東京都下の各師範学校が母体となって東京学芸大学が創設されることになるのである。その詳細は第Ⅳ章で述べられることになるが、ここでは、敗戦直後から大学への移行の最中でもあった一九五一年三月に各師範学校が最後の卒業生・修了生を出して閉校を迎えるまでの時期を眺めていくこととしたい。

予科の年限延長

一九四三年に改正師範教育令が公布された際、当時の中等学校の修業年限が四年とされたことから、国民学校高等科二年修了以上の者に入学資格を認める予科の修業年限も二年とされていた。敗戦後、一九四六年二月に師範教育令が改正され、予科の修業年限は三年に延長されたが、これは、他の中等教育学校の修業年限が五年に延長されたことと年限を合わせたものである。時を同じくして師範学校規程も改正され、三年制予科の教育課程も整備された。このため、一九四四年四月の予科入学生は二年で修了して一九四六年四月に本科への進級が認められたが、一九四五年四月の予科入学者の修業年限は三年となったため、一九四七年四月の本科入学者には予科の修了者がいないという事態を招くこととなった。

法令上の位置づけ

敗戦後も、旧法令の枠組みのもとに位置づけられていた師範学校・青年師範学校であったが、一九四七年三月三一日に公布された学校教育法第九四条により、根拠法令たる師範教育令は廃止されたものの、同法第九八条により従前の規定による存置が認められた。さらに同法施行規則第八五条によって、師範学校は「小学校及び中学校の教員たるべき者を養成すること」、青年師範学校は「中学校の教員たるべき者を養成すること」を目的として、当面の間存続することとなった。

教育課程と教育内容

一九四七年の学校教育法施行規則によって、師範学校規程・青年師範学校規程は廃止されたが、閉校に至るまでの間、各師範学校は独自に工夫しながら教育課程を編成し、新時代の教員にふさわしい教育内容を講じようとした。例えば東京第一師範学校男子部では、一九四六年四月から単位制によるカリキュラムを編成し、本科二年以上を文科・理科に分けて専修させることとしたところ、生徒に専門知識を深める希望をもたせ自信と意欲をもたせることになったという。さらに同年の九月には、再びカリキュラムを改訂して、一般・職能・専修・選択の四課程を設けて、共通・必修のほか、特に一科目専攻の単位制を強化したという。卒業生の回想を見ても、「数学科」「教育・心理学科」「地理科」「英語科」などの言葉が見え、本科一年で全科履修、二年で分科となったという証言もある。教員に必要な共通的な教養を一年次に学習させ、その後は生徒の関心に応じて専門的な学科に分けて学習させるという、後年の新制大学の教育課程にも似た仕組みが取り入れられつつあったようである。東京第二師範学校女子部でも、学内の教官による新教育研究委員会のもとで、一九四六年度第二学期から、生徒の研究意欲を促すための新たな学科課程が実施され、本科一年次においてすべての教科を学んだうえで、二年次以上には、文科・理科・家政科のいずれかを専修させ、芸能科・体育科から一科目以上を選択させる仕組みが取り入れられている。

また、先に紹介した星野安三郎によれば、戦後東京第三師範学校は共学となり、女子だけの家庭科のクラスがあったという。男子部・女子部があった第一師範、第二師範の場合は、東京学芸大学への昇格を果たすまでは男女別学が継続していたと考えられる。

新制大学への移行と師範学校の閉校

敗戦後の日本の教育のあり方を論議した教育刷新委員会は、教員養成のあり方についても検討を行い、一九四六年から一九四七年にかけて教員養成に関する重要な決議をいくつか行い、その結果、小学校、中学校の教員は、教育者の育成を主とする学芸大学を修了又は卒業した者、綜合大学及び単科大学の卒業者で教員として必要な課程を履修した者から採用することが建義された。そうした政策提言を受け、師範学校は新制大学へ転換していくこととなる。一九四七年度からの単線型の六・三・三・四制の導入もあって、複線型の戦前の学制からの転換は複雑な様相を呈することとなるが、師範学校に限定すると以下のように整理できる。

・一九四七年度
従来通りに予科・本科の生徒が入学。新制中学校の発足により、国民学校高等科が制度上消滅するため、予科生の入学はこの年度限り。

一九四八年三月に、一九四五年四月本科入学・進級生卒業。

・一九四八年度
本科生(一九四五年四月の予科入学生の進級者を含む)のみ入学。本科生の入学もこの年度限り。

一九四九年三月に、一九四六年四月本科入学・進級生卒業。

・一九四九年度
一九四六年度予科入学生、予科四年に進級。

国立学校設置法により、各師範学校は東京学芸大学に包摂される。

一九五〇年三月に、一九四七年四月本科入学生卒業。一九四六年度予科入学生、四年の課程を修了。

・一九五〇年度

一九四七年度予科入学生、予科四年に進級。

一九五一年三月に、一九四八年四月本科入学・進級生卒業。一九四七年度予科入学生、四年の課程を修了。各師範学校、閉校。

こうして、一九四三年四月の新制師範学校昇格から八年で各師範学校は閉校することとなり、それぞれ東京学芸大学の世田谷分校・竹早分校・小金井分校・追分分校・大泉分校となって、発展的に大学へと昇格していったのである。なお、調布の東京青年師範学校も、一九五一年三月に閉校を迎えたが、その教官組織は、創立期東京学芸大学の農学・商学・工業の各講座に継承され、主に新制中学校の職業科教員の養成にあたった。調布の校地は、東京青年師範学校の生徒が在籍した一九五一年三月までは東京学芸大学の調布分教場とされたが、東京青年師範学校の閉校後に調布分教場は廃止され、農場と寮だけが残された。しかし、大学から離れた調布の寮は学生からも敬遠され、結果、電気通信大学の寮と校地となったのである。

翻弄された最後の予科生たち

なお、師範学校から東京学芸大学への移行にあたって、一九四六年四月と一九四七年四月に予科に入学した生徒について、一言しておきたい。彼らは本来の予科三年の課程を修了しても、進級すべき本科が生徒募集を行わないこととなったため、進級先がなくなってしまったのである。結局、予科の課程を四年に延長し、新制高等学校卒業と同等の資格と見なして（国民高等学校二年＋予科四年＝中学校三年＋新制高等学校三年）新制大学の受験資格を与えられ、予科四年修了として師範学校を去ることになったのである。その多くは、予科修了後は新たに入学試験を受験して東京学芸大学に進学し、学芸大卒業後は教師として戦後の教育に献身した。しかしながら、すでに新制高等学校の制度が確立していたにもかかわらず、なぜ「予科」の制度を残したのかは不明の点が多い。大阪第二師範学校予科の一九四六年入学生の証言によれば、三年までは、師範学校規程に定められた三年間の予科の教育課程が（戦後にふさわしい改定を加えつつ）施され、四年次には、新制高等学校三年生の教科課程が適用されたということで、校内的には「大阪学芸大学池田分校特設高等学校三年」と呼称されたという。

この戦後の四年の予科の課程の実態も含め、敗戦後から大学昇格に至る時期の新制師範学校については不明な点が多い。戦後の「大学における教員養成」への助走期間として、深化した研究が待たれるところでもある。

9　「昇格」の歴史的意味を問う

八年間の生命しかなかった新制師範学校は、「昇格」の実質的成果を体得する暇もなく、新制大学にその道を譲ることとなった。まさしく歴史の波に翻弄された八年間であったといえるだろう。

教育史研究者がこの新制師範学校になげかける眼は厳しい。特に、戦後の大学昇格に際して、「大学教官」に値する研究業績の少なさを原因に多くの教官が大学に残れなかったことが、新制師範学校の内実への否定的評価の一つの要因になっているようである。

しかし、教員養成教育における実践的指導力の育成が重視され、教育現場で豊富な経験を要する大学教員が増えてきている今日の眼から見れば、恐らくは当時の総合国立大学のそれを念頭においた大学教官のあり方が、教員養成のための大学教育の担い手のあり方として本当にふさわしかったのかどうか、改めて再考する必要があるのではないだろうか。新制大学の発足時に大学設置審議会の臨時委員を務めた坂本太郎は、「これまで師範学校の幹部であり、新制大学への移行についても大いに骨折った人が、みずからは教授になる資格がないという悲劇に出会う例が各地に起こった」と慨嘆し、新制師範学校の教官歴を有する津留宏は「おもしろいことにかつての師範学校の教師のなかには、その職責からか自然にある程度、これらを総合し巧みな教授法にまで発展させた先生があった。教育者としてはりっぱな見識や人格を成した人びとである。しかしいまみるとその学問の常識性、不徹底さは否定すべくもないので、新制の教員養成大学は、こうした人びとを学者的でないとして追放してしまった」と後年述懐した。彼らの思いをかみしめる時、戦後の新制大学は、「大学」であろうとするあまりに、教員養成にとって必要な何かをどこかに忘れて来てしまったのではないかとも思わざるをえない。新制師範学校の研究は、その忘れ物を探すためにも、まだまだ必要なものではないだろうか。

第二部

新制大学としての出発と発展

1959年に本学を卒業した鈴木禹志さんが描いた1955年当時の小金井キャンパスの絵です。第二部では、小金井に統合された東京学芸大学が教員養成の中核的な大学としていかに発展し変化を遂げていくか、学生や附属学校園の動きも含めて描いていきます。

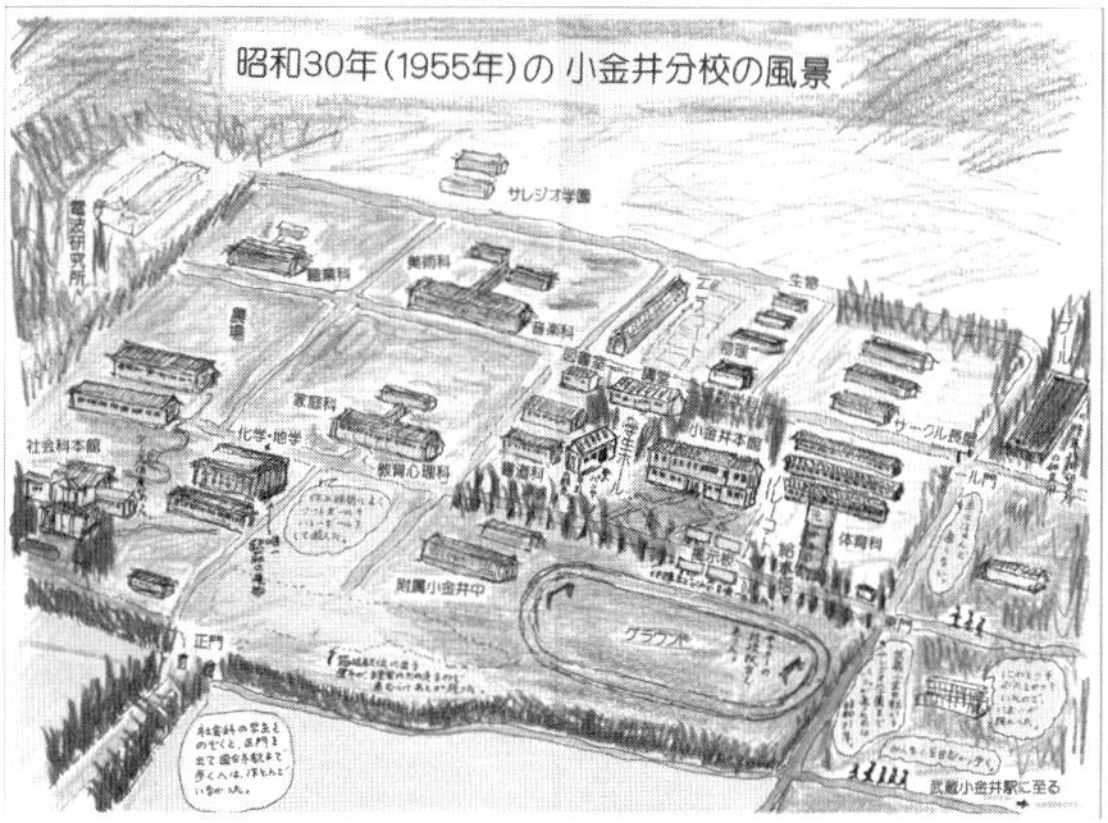

一九四九（昭和二四）年五月三一日に施行された国立学校設置法に基づき、新制大学として東京学芸大学は出発しました。四つの師範学校を統合する形で発足し、五つの分校（世田谷・竹早・小金井・大泉・追分）と一分教場（調布）でのスタートでした。徐々に分校・分教場は廃止され、一九六四年には小金井キャンパスに統合され、現在の大学の形となりました。

第二部では、東京学芸大学が新制大学として発足した一九四九年から、分校・分教場の廃止および小金井キャンパスへの統合（一九六四年）を経て、大学としての制度・施設等を整備していく時期（一九八〇年代半ばまで）を対象としています。特に、「大学における教員養成」の制度化の動向にも注意を払いつつ、東京学芸大学がいかに教員養成大学としての内容を充実させ、発展していったのか、その過程を描いています。また、この時期の学芸大生たちがどのような生活を送っていたのか、どんな想いを抱きながら社会・時代を生きたのかについても取り上げていきます。

Ⅳ　戦後の教員養成制度改革と草創期の東京学芸大学

1　「大学における教員養成」

ここでいう草創期とは、一九四九（昭和二四）年五月三一日に公布・施行された国立学校設置法により、それまでの東京第一師範学校、東京第二師範学校、東京第三師範学校、東京青年師範学校を包括し、東京学芸大学が設置されて以降、旧師範学校の所在地が分校として併存した状態を終え、現在の小金井地区に統合された一九六四年四月一日までの一五年間をさす。これは「整備・統合期」（一九四九〜六三年）と区分される時期と重なる。当時の東京学芸大学は「タコの足大学」と呼ばれ、そこには旧師範の寄り合い所帯の様相が色濃く残存していた（『東京学芸大学五十年史』一九九九）。こうした環境で、大学へと生まれ変わることになった東京学芸大学は、「大学における教員養成」の内実をどのように創っていいったのか。この激動の時期に学んだ学生たちは、どのような社会的背景をもち、どんな学生生活を送ったのか。これらを明らかにする前に、その前提として戦後の改革期に教員養成大学・学部がいかにして生まれたのかを概観しておきたい。本節では、『東京学芸大学五十年史』（一九九九）における濱田博文による記述をもとに整理しておこう。

一九四九年五月、国立学校設置法に基づき、六九の新制国立大学が誕生した。このとき、全国五五校の旧師範学校は旧青年師範学校とともに四六校の大学・学部の中に包摂された。そのうち七校は、「学芸学部」のみから成る「学芸大学」（北海道・東京・愛知・京都・大阪・奈良・福岡）として創設された。他の三九校は複数の学部から成っていたが、それらのうち一九校には「学芸学部」が、残りの二〇校には「教育学部」が、旧師範学校を包摂して設けられた。こうして、全都道府県に教員養成を主とする国立大学・学部が創設された。このほか、旧師範学校を包摂しない「教育学部」が、北海道・東京・名古屋・京都・九州の五つの旧帝大と、東京教育大学に設置された。

しかし、師範学校を母体とした「大学」「学部」をつくるという発想は既定路線だったわけではない。戦後教育改革の具体的方向を審議した教育刷新委員会（一九四六年八月設置、一九四九年六月「教育刷新審議会」に改称、一九五二年六月まで存続。以下、教刷委）において、旧師範教育は、学力の低さや閉鎖性、「教員を鋳型にはめる」などの理由で、完膚なきまでの批判を浴びていた。それゆえ、高等普通教育の中で、各分野の学問研究をベースにして、高い教養と広い視野を備えた多様な教師を養成する制度として理念化されたのが、戦後の教員養成の二大原則、すなわち「大学における教員養成」と「免許状授与の開放制」であった。しかし、新たに育成されるべき教師の「専門性」の内実は何か、それをどんな大学において保証できるかという点について、意見は激しく対立し、議論は錯綜していた。

当初、多数派の委員は、師範教育批判の拠り所を、教員養成を目的とする「特別な教育」をしていた点に求め、「特別な教育」が「学問的教養」と「優れた人間性」の育成を阻害するのだと主張したが、東京第一師範学校長の木下一雄（のちに東京学芸大学初代学長）は、少数派の委員の一人としてこれに反論し、「教員には特別な教養や技術が必要で、そのための「特別な教育」は不可欠であり、師範教育を刷新してまったく新しい「特別な教育」の構築をこそ考えるべきだ」と訴え続けるとともに、後述するように、全国の師範学校を「教育大学」に刷新するための準備を進めていた。

両者の対立を妥協に導いたのは、「教育者の育成を主とする学芸大学」案（一九四七年五月九日、教刷委総会採択）であった。そこには、「教員養成を目的とする」大学をあくまでも忌避した教刷委の基本姿勢が貫かれるとともに、「現在の教員養成諸学校中、適当と認められるものは、学芸大学に改める」という文言が付帯され、師範学校を「大学」として再生させる可能性を開くものであった。たしかに教員養成を「目的」にしてしまうと、師範学校との違いは不明瞭になる。そうではなく、まずは師範学校を、一般教養（リベラル・アーツ）中心の大学としてよみがえらせ、結果としてそこから優れた教員が育っていくことが企図されたのである。当時、小学校教員の養成を大学レベルで行うという制度改革は、世界的に見ても画期的なものであった。

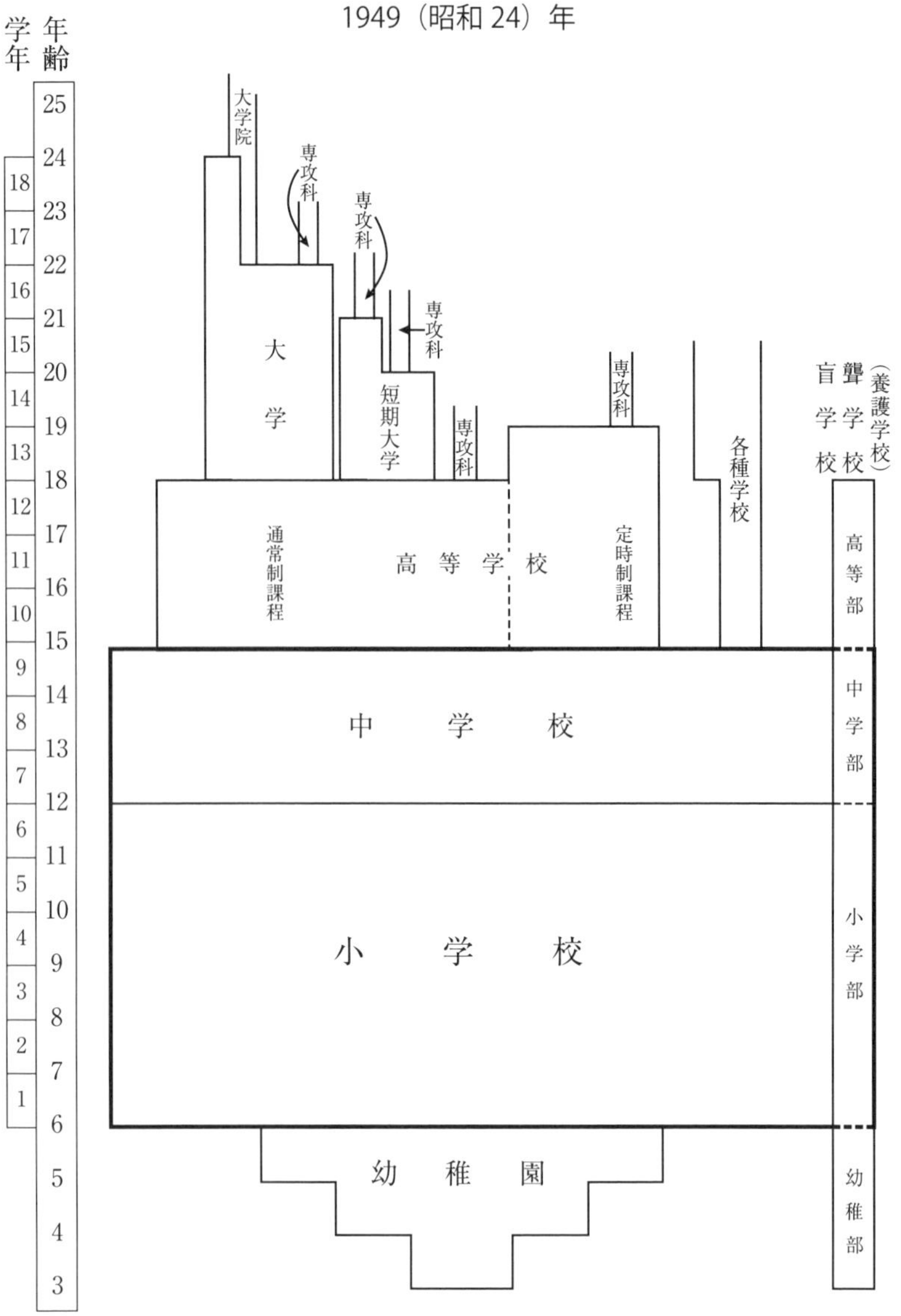

図Ⅳ-1　学校系統図（1949 年）（文部省編『学制百年史 資料編』1972、より作成）

2　戦後草創期の教員養成カリキュラムの構築

それでは、師範学校は大学へといかに生まれ変わったのだろうか。以下では、世の中にある膨大な知識や技術の中から、特定の教育目標に即して教育的知識を選び出し、配列し、編成したものとしてのカリキュラムに注目して見ていきたい。教育社会学者の陣内靖彦は、戦後教員養成の「出発点」の問題として、第一に、教刷委では新しい教員養成の「理念論議」が激しく闘わされたが、ゆえにややあいまいなまま（妥協的に）建議されたこと、第二に、その後の制度化過程において、戦前期師範教育の批判の上に立つ「新しい理念」はさらにぼんやりしたものに薄められていったこと、そして第三に、その新しい制度の実際の運営過程で当初はにらみを利かしていたはずの理念が次第に「棚上げ」されてしまったのではないかと考察している（陣内靖彦『日本の教員社会』一九八八）。

陣内の見立て通りだったとすれば、師範学校から一足飛びに生まれ変わることになった教員養成大学・学部のそれぞれの現場には、旧態依然の師範教育への回帰の可能性も孕まれていたに違いない。しかし、少なくとも草創期の東京学芸大学内部では、理念をめぐる論議がそのあいまいさゆえに巻き起こり、大学が主体性を発揮する余地が生まれた。本章で明らかにするのは、陣内の指摘した第三の問題点―理念の「棚上げ」―が生じる前、すなわち理念がにらみを利かしていた時代の、教員養成カリキュラムの構築過程である。

草創期の理念論議の背景には、木下一雄学長の影響が見過ごせない。木下は、教刷委の委員として、師範学校に対する厳しい批判にさらされながら、当委員会の政策論議を、「当初の師範教育批判、教員養成を目的とする学校それ自体の否定から、新しい姿に生まれ変わるであろう教員養成大学、学部現場の主体的な改革の努力に未来を託すという方向」へと流れを変えた立役者だった（陣内、前掲書）。

また、前述の濱田によれば、木下は、有言実行より早く、「新しい姿に生まれ変わるであろう教員養成大学」を具体化しようと、一九四六（昭和二一）年四月に東京第一師範学校内で教員養成カリキュラム研究にいち早く着手し、一九四六年一二月三〇日に『大學に於ける教育學科のカリキュラム―東京第一師範學校案』をまとめ上げた。これは、『米国教育使節団報告書』をはじめ、諸外国の教員養成制度に関する文献等を検討したうえで、四年制の「新制大学の教育学科」を想定して作成されたカリキュラム案だった。木下はこれを、教刷委（一九四六年一一月八日）やカリキュラム研究全国集会（一九四六～一九四七年）でも配布した。一九四七年一月二五日には「教育大学創設準備協会全国大会」が東京第一師範学校で開かれ、全国の師範学校代表者八〇名の他、ＣＩＥ（ＧＨＱ民間情報教育局）の担当官および文部省師範教育課長の玖村敏雄が参加した。この大会では、やがて全国各地に「教育大学」が創設されることを前提として、その準備のための「地区別協会」設立等を盛り込んだ規約が成立

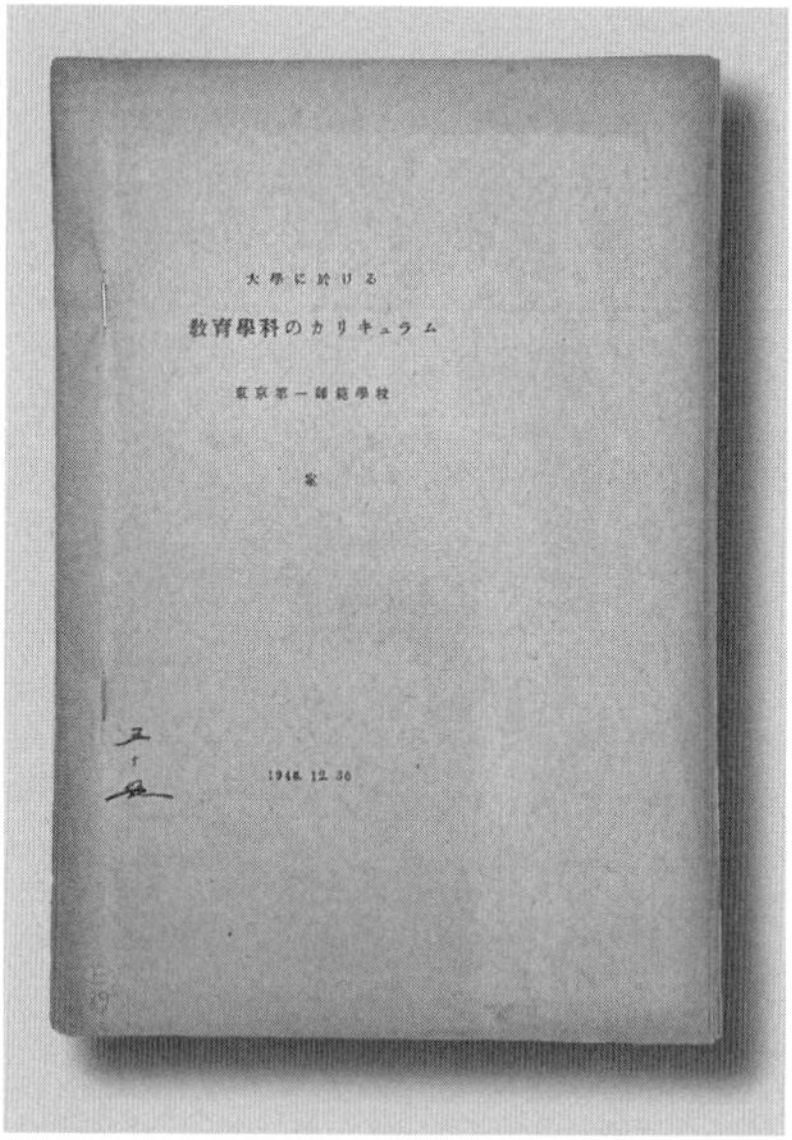

写真Ⅳ-1 『大學に於ける教育學科のカリキュラム―東京第一師範學校案』（1946年）表紙

した。木下は、教刷委の審議に並行して、各師範学校および文部省・CIEと密接な連携をとりながら、新しい教員養成の内容づくりを進めると同時に、「教育大学」の創設に向けて全国の師範学校を束ねていったのである（『東京学芸大学五十年史』一九九九）。

木下一雄は、学外に向けては教員養成大学・学部の存在価値を主張し、学内に向けては、師範教育からの脱却とその問題点を克服する方法として、語学や教養の重要性を繰り返し説き、「学芸大学」の理念を貫徹しようとしていた。一九四九年の開学式の式辞では東京学芸大学を「専門の学究を究め教員養成を主たる目的とする新しい制度の教養大学」と位置づけ、そこから「東京学芸大学が新しい教養大学として、その強い性格、高い学風が打ち立てられる処におのづから新しい性格の教育者が生れ出づるものであることを信ずる」と結んでいる（『東京学芸大学二十年史』一九七〇）。

それでは、木下が展開した政策論議は、現場の実態にどう接続され、教職員間で議論され、新制大学としての東京学芸大学のカリキュラムの創造に生かされたのか。『東京学芸大学カリキュラム』（一九五二）にその痕跡が見受けられる。

はじめに、『東京学芸大学カリキュラム』の目次をみてみよう。

二、学科課程の部類別
三、授業科目の種類と目標
四、單位
五、履修基準
六、各科目履修單位の学期配当
七、カリキュラム関係の諸規定
第二編　一部・学科課程
第一章（一部）学科課程の組織
第二章（一部）授業科目と授業内容
第三編　二部・学科課程
第一章（二部）学科課程の組織
第二章（二部）授業科目と授業内容

この目次を見てわかるように、これは今でいう、各大学・学部で単位の取り方や授業名がわかる「履修便覧」の要素を多分に含んでいる。一方でそれと異なる点は、カリキュラムの理念に関する記述に割かれる比重が高く、新しい教員養成のカリキュラムを模索した議論の跡がいたるところに見いだされる点であろう。象徴的なのは、木下一雄初代学長による「序」である。

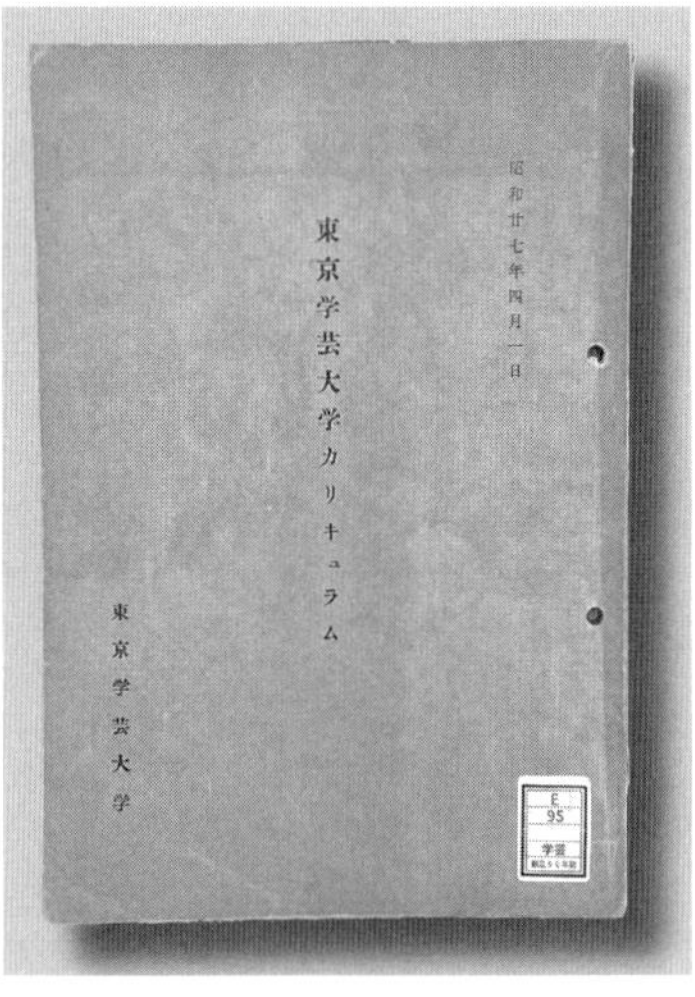

写真Ⅳ-2　『東京学芸大学カリキュラム』（1952）表紙

大学の教育目標に向つて、忠実に一歩一歩をすすめて行くため、このたび本学のカリキュラムを創ることができた。このことに当られた本学教授は、ほとんど敬虔といえるようなきびしい倫理感覚をもつて、この課題の正しい根をおろそうとした。鋭い究明がカリキュラム構造の本質をかちえるためにつづけられた。単位の一つの数字を決するにも、数週間の論議と探究とが行われたことがあつた。こうしてカリキュラムの一字一字に、大学のたましいがこもつているようにも思われる。そしてこのようなカリキュラムの主体性から、われわれはわれわれの眞理探究の自由を享有しえるのである。

もちろん、われわれはこれからもこのカリキュラムを、さらによりよきものにしようとする謙虚さをもつものである。

一九五二年四月

東京学芸大学長　木下一雄

序文の後には、日下部智を委員長とする「カリキュラム再構成委員」一五名の名前が列記されている。この序文が書かれたのは、東京学芸大学が「大学における教員養成」を旗印に創立してから三年、前述したように、まだ旧師範の寄り合い所帯の様相が色濃く残存していた整備・統合期の序盤であり、まさに模索期ともいえるだろう。ここにおいて木下一雄学長は、「単位の一つの数字を決するにも、数週間の論議と探究とが行われた」「カリキュラムの一字一字に、大学のたましいがこもつている」と述べ、「このようなカリキュラムの主体性から、われわれはわれわれの眞理探究の自由を享有しえるのである」と宣言した。

ここから、当時の教員養成カリキュラムの構築過程は未解明の部分が多いが、各大学の裁量に任されていた部分が多く、現場ベースで新たな教員養成カリキュラムを創ろうとする機運が生まれていた可能性を指摘できる。それだけではない。「われわれはこれからもこのカリキュラムを、さらによりよきものにしようとする謙虚さをもつものである」という言葉には、カリキュラムを試行し、不断に改善していこうとする姿勢が見て取れる。

次に、「一、カリキュラムの根本理念と方針」は、次のように書かれている。

昭和二十四年、敗戦の創痕も未だ癒えないさ中に、新しい日本の誕生と人間革命とを教育に托して、本学は生れたのである。我々は日本の直面した未曾有の事態に際して、日本の生きる道を教育に見出そうと誓つたのである。

旧いボケーショナルな教員養成にたいして、新しいプロフェッショナルな教員養成機関としての大学が生まれた理念は、実に日本国民の輿望を担つたものであることを大学自体は意識し、その責に任じなければならない。

本カリキュラムは、この大学設立の理念に遡り、我国の新制大学の体系内に教員養成の大学が存すべき事と、正に本学は教員養成大学である事とを再確認し、本学がその使命を達成するよう構成したものである。

右の根本理念よりして、本カリキュラムを一貫する理念は左の三点に要約される。

一、新制大学としての理念をみたすべき事。
二、教員養成の使命に徹すべき事。
三、新しい制度による新しい教員養成大学として、創造的であると共に、将来に対する大いなる展望と希望とを有すべき事。

また、一九五二年の『東京学芸大学カリキュラム』では、このようなカリキュラムの理念とともに、学内でそれが模索された議論のプロセスも記されている。たとえば、同書の附録として収録されている「大泉分校カリキュラム再検討委員会報告」では、一九四九年一一月七日の議論がわかる。さらに、同書の末尾には「カリキュラム術語の解説」が掲載され、その冒頭では、「カリキュラム（Curriculum）の概念」が以下のように解説されている。

一般にカリキュラムとは、学校の指導下におかれた学生・生徒の学習活動の全体を意味する。従来は論理的な学問の組織体系からなる数ケの学科から成り立つ学習計画が、カリキュラムと考えられていたが、最近では、青少年の成長が單に知的な過程でなく、全体的な過程であること、学問の受動的な学習よりも、活動参加を通じての学習が重要であることが認められたので、カリキュラム計画は、学生・生徒自身の生活及び現代の社会にあらわれる今日の問題をめぐつて組織され、したがつて教材は、これらの基本的な問題に遭遇するときにおける人類の集積された経験とみなされる。なお従来、課外活動として第二義的にみられていたものも、学校活動の正規な部分と考えられてきて、カリキュラムは従来より広範なものとなってきた。カリキュラムの訳語が学科課程ないし教科課程から、今日では教育課程に変ってきたのも、こうしたカリキュラム観の変化のためである。

以上では、カリキュラムとは「学生・生徒の学習活動の全体」を意味するという定義が示されている。ここには、戦後の教員養成を担わんとする大学が、新しい概念をキャンパスに根づかせようとした姿が見て取れる。

3　キャンパスでの学びと学生生活

キャンパスの整備・統合への過渡期

草創期の東京学芸大学は、カリキュラムの理念をめぐる熱い議論が交わされていた一方で、キャンパスの「整備・統合」に向けた只中にあった。それは以下の過程をたどった(『東京学芸大学大学史テキスト』二〇一八)。

①一九四九(昭和二四)年五月三一日に東京学芸大学が設置され、東京第一、第二、第三、青年の各師範学校はこれに包括された。

②東京第一師範学校男子部・女子部、東京第二師範学校男子部・女子部、東京第三師範学校は、大学設

置とともに、学校所在地の地名を冠して、世田谷、竹早、小金井、追分、大泉の各分校となり、青年師範学校は調布分教場とよばれた。

③調布分教場は一九五一年三月に閉じられ、追分分校は一九五三年三月に廃止され、次いで竹早分校と大泉分校も一九五五年三月に小金井分校に統合された。一九六四年三月、世田谷分校の小金井への統合完了によって、キャンパスが統合され、分校が並立した時代を終えた。

ただし、キャンパスの統合先の小金井分校は広さはあったが、大学環境としては不十分だった。一九四五年四月一三日の空襲による火災で、池袋にあった東京第二師範学校が焼失、小金井に移転し、小金井キャンパスの原型となったが、この地はもともと陸軍技術研究所であった。戦後、草創期の小金井キャンパスでは、兵舎を改造した木造校舎で授業が行われ、図書や食料事情も十分ではなかった。

戦後草創期の東京学芸大学で学んだ卒業生の一人、鈴木禹志《ひろし》さんは当時の様子を詳細に語っている。鈴木さんへのインタビューは、二〇二〇年一月、東京学芸大学の教員養成カリキュラム開発研究センター会議室（当時）で、筆者を含む当時の大学史資料室員五名が鈴木さんを囲み、三時間にわたって行われた。鈴木さんの語りを紹介しよう（『東京学芸大学史資料室報』Vol.9、二〇二二）。

写真Ⅳ-3　1960年の小金井キャンパスの様子（自然科学研究棟から東側を望む）

鈴木さんは、一九五五年四月から一九五九年三月にかけて、甲類すなわち小学校教員養成課程の社会科専攻の学生として、一、二年次は小金井分校、三、四年次は世田谷分校に在籍していた。小金井分校の環境は、鈴木さんが最初に入学手続きに行った世田谷分校と雲泥の差があり、「文化果つるところ」という印象を受けたという。特に「図書室」の貧弱なことに愕然としたそうだ。当時の小金井分校の様子は、**写真Ⅳ-3**と鈴木さんの次の言葉から想像してほしい。

「砂ぼこり。それから、夏の草の生え方もすごいわけですよ。先生が向こうから入ってくるんだけど、こう草を分けて。「どこから来たんですか」って（笑）。僕らも先生が来るまで、教室の中なんか狭くて暗いし汚いし、教室になんかいられないので外で遊んでいましたけどね。」

学生の経済状況

貧しかったのは大学の設備だけではない。高等教育進学機会がエリート段階であった時代に進学できたという点で、当時の東京学芸大学生は教育機会の面では恵まれていたといえるものの、その経済状況の厳しさは、一九五六、一九五七年度に大学が新入学生に対して実施した『新入学学生に関する調査』からも見いだせる。この調査から見える草創期の東京学芸大学生の経済状況を、一九六一年に実施された文部省（当時）による全国調査の結果と比較検討したところ、当時の大学生が一般的に高階層出身者に偏る傾向があったのに対し、東京学芸大学生の家庭の主たる家計支持者の年収は三〇万円以下が男女ともに最多であり、全国データが示す傾向と異なっていた。特に男子学生においてその傾向は顕著で、年収区分の額が高くなるほど、該当する学生の割合は減少する傾向にあった（図Ⅳ-2）。なお、総理府統計局による『家計調査年報　昭和三二年』によると、一九五七年当時、全国の都市勤労者世帯の世帯主の平均年収は約三三万円であった。

前述の、鈴木さんも仲間と写った写真を見せながら、当時の学生がおかれていた経済状況について語っている。

「僕の友だちなんかも何人かいるんですけど、一応高校卒業してから代用教員か何かをやって、それでお金を貯めて入ってきたというのが結構何人もいましたよね。（中略）いずれにせよ、うちから潤沢にお金を送ってくれないのは全員共通していまし

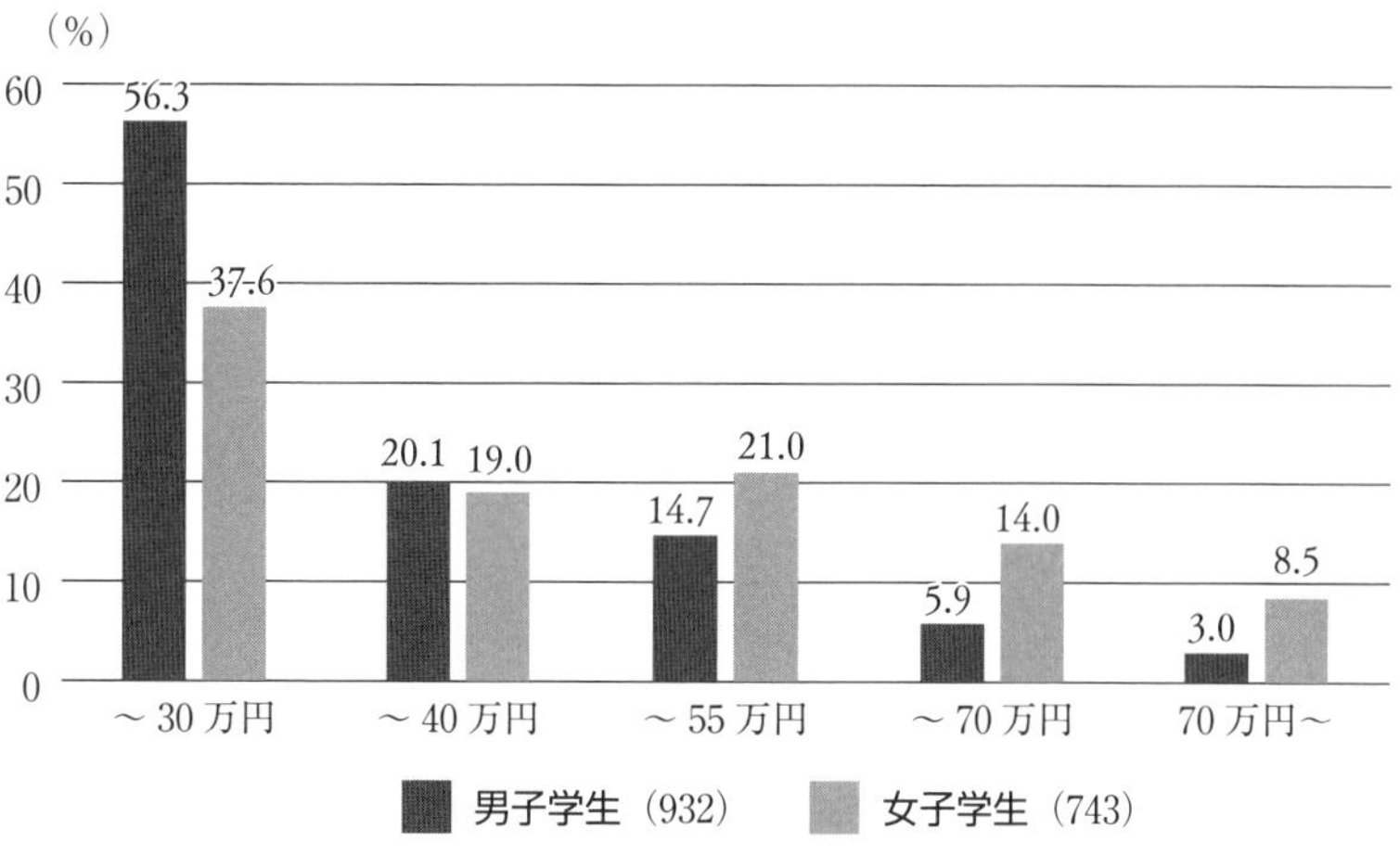

図Ⅳ-2　東京学芸大学新入学生の家庭の主たる家計支持者の年収階層別分布（1956、1957年度）

注：1）　東京学芸大学『新入学学生に関する調査』の1956年度と1957年度のデータを合算して算出した。

2）（　　）内の数値は、無回答者を除外した人数。男子学生：1956年度484名、1957年度448名、合計932名。女子学生は：1956年度348名、1957年度395名、合計743名。

（金子真理子・早坂めぐみ「創成期の東京学芸大学と学生生活」『東京学芸大学紀要　総合教育科学系』71、2020、512頁より）

た。四月に入ったときは学帽かぶって学生服を着ていましたけど、わずか一カ月ぐらいのうちに街のおにいさんみたいになっちゃって、下駄履いて歩いているし。持っているものは全部、質に入っちゃったとみんな言っていましたから。多摩川の近くにあるボートレース場にアルバイトに行ったりなんかしなきゃいけないというので。」

大学の学び

それぞれ苦労して入学してきたであろう草創期の学生たちが、上述のような大学環境を前にして満足していたわけではもちろんない。一九五八～五九年にかけて東京学芸大学が一～四年生に実施した「学生生活実態調査」によると、当時の学生たちは、「厚生施設・学校施設」については四割弱が「大変悪い」、四割強が「まだ充分でない」と回答し、「図書館」については二割強が「大変悪い」、六割弱が「まだ充分でない」と回答しており、鈴木さんの感覚に符号する。同調査では、カリキュラムに関しても九割近い学生が改めてほしい（「まったく改めてほしい」二三・九%、「一部改めてほしい」六四・七%）と回答していた。また、カリキュラムに対する学生の要望としては、「自由選択をひろげる」「専門教科を強化せよ」といった声が多かったことが、自由記述欄からわかっている（金子・早坂「創成期の東京学芸大学と学生生活」二〇二〇）。

このような状況のなか、学生たちはどのように学んでいたのだろうか。前述の鈴木禹志さんは、大学一年生の頃の日記を手に語ってくれた。

「本当に文化的な香りがないわけですよ。音楽の香りもないし。それどころかここに、何かよくわからないんですけど、東門の前あたりにブタとかニワトリを飼っていたんでしょうかね。すごいにおいがするんですよ。（中略）とにかく文化果つるところはここしかない。どうするかということですよ、ここに来ちゃったら。どうするかということで、二年からほかの大学に行った人が結構いるんですよね。（中略）東京外国語大学に入ったやつもいるし、日大の理工学部に社会科から入ったやつもいるし。だけど僕は遊んでいたものですから（友だちづきあいやサークル活動をしていたという意味―筆者注）、あれよあれよという間にあれなので。」

鈴木さんは、目の前の環境にがっかりしたに違いない。しかし、打ちのめされていただけではなかった。「どうするかということですよ」という意識が、大学を去った者だけでなく、残った者の中にもあった。その後、鈴木さんはどうしたのか。

「勉強をあまりしなかったので、在学中にどんな勉強したかと聞かれると困るんですけど。ただ、非常に何というか野次馬根性が最初からあって、とにかくカリキュラムとか、決まっているあれというんじゃなくて、いい先生がいるというと聞きにいったし、それから、いい学生が来たというと会いにいきましたよ。（中略）それからおもしろい授業だというのを聞いたら、特に英語の先生の授業はかなり聴きましたね。だけど、何というか時間もむちゃくちゃだし、とにかく申し上げたかったのは、ぼろっちかったけど、この日記に書いてあることは、（小金井ではじめて出会った）友だちとね、三鷹の駅前に「第九」という喫茶店があったんですけど、音楽喫茶で。（中略）いろんな方が、三鷹は何がいいかというと喫茶店と本屋があってゆっくりできるから、といって。（中略）東大の寮が三鷹にあったらしくて。東大の方とか、それから武蔵野美大とか、音楽関係とか。とにかくしゃべることは禁止なんですよね。だけどリクエスト出すと、そのリクエストがかかるまで半日とかかかっちゃうので、入ったら出てくるのが大変で。だけどそこに入り浸って、貧しい家だったものだから自分のうちにレコードはないし、あれもないからそこで聞いて。終わってから、日比谷の安いコンサートをよく聴きにいきました。日比谷の野外コンサート。（入場料の）安いコンサートがあって。お金持ちの方は上野とか立派なところでコンサートを聴くんですけど。でもいろんな曲を生で聴いて、今になってみればよかったなと思うんですけどね。」

鈴木さんはそれほど真面目な学生ではなかったというが、学内で、いい先生がいるというと聞きに行き、いい学生が来たというと会いに行った。学外でも、三鷹の駅前の「第九」で音楽を聴き、日比谷の「野音」に通った思い出を振り返る。学生たちは、草創期の東京学芸大学の設備やカリキュラムに満足していなかった。しかしながら、「文化の香り」に憧れた学生がその機会を大学内外に自ら探しに行けるような、時間と自由は少なくとも保障されていたといえるのではないだろうか。

全教学協と全教ゼミ

当時の学生たちの学びを考えるうえで、もう一つ忘れてはならないのは、個別の大学を超えた学生たちの連帯である。一九五二年一月、「全教学協」（全日本教育系大学学生協議会）が、「これまでの官製的色彩のつよい全国師範学校生徒連盟、全国青年師範学校生徒連盟とは性格、内容、目的など質的に異なった、教育系学生の自主的な全国的統一組織」として結成された。全教学協規約前文にはその目的が「我々の全日本教育系大学学生協議会は、全日本の平和的発展と限りなき幸福を追求し、教育を一そうすばらしくするための力として結成された」と記されていた（伊ヶ崎ら『教育系学生の思想と行動（上）』一九六九）。『東京学芸大学二十年史』（一九七〇）によると、この結成大会は、東京学芸大学世田谷分校にて、大学当局の再三の中止勧告を押し切り開催されている。

鈴木さんがインタビューに際してまとめてきてくれた資料には、鈴木さんが入学した一九五五年の出来事として、「一二月、世田谷分校で、全教ゼミが開かれ、学生新聞の記者として顔を出した。全国から教育系の学生が集まっていること、星野先生などが提案にていねいに対応されていることに刺激を受けた。」と記されている。鈴木さんは当時一年生で小金井分校にいたが、学生新聞の記者としてアンテナを張り、さまざまな集まりにも取材をかねて参加した。このサークル活動を通して、今も記憶に残るこうした場面に出くわしたといえる。

「全教ゼミ」（全国教育系学生ゼミナール）は、一九五四年に産声を上げた。一九五四年七月の全教学協第三回地区議長会議のゼミ開催の方針をもとに、同年一二月、全教学協第四回大会とともにその学科別分科会として神戸大学において第一回全教ゼミが開催された。そこでの討論では、「今学んでいることが卒業後はたして役に立つのだろうか」「本当に子どもたちはどう学べばよいのだろうか」「学生生活がますます苦しくなり、体を悪くして学園を去っていく学友が多くなってきた」「われわれの民主的な権利がだんだん奪われていく」「親の大きな期待と文字どおり骨身をけずるような努力で卒業しても就職できない」等々、切実な悩みや不安が互いに共通のものであることが確認された。神戸大学の古林喜楽学長や塩尻公明教育学部長の期待と援助も並大抵ではなく、「この第一回ゼミは、学園で孤独になやみつづけた暗き日々から一転して、学生の団結と大学教師の積極的支持という自由な連帯・共同の雰囲気のなかで、みずからの学ぶ意欲と教育への誇りをとりもどそうとするその第一歩となった」と評されている（伊ヶ崎・土屋編『未来の教師』一九七八）。

第二回全教ゼミは、一九五五年一二月、「勉学的態度の確立」「教育系学生の交流」という基本目標のもとに、東京学芸大学で開催され、全国八二大学 一七〇〇余名の参加が得られたと記録されている（同右）。そもそも全教学協の活動を認めてこなかった東京学芸大学は、これにどう応じたのであろうか。『東京学芸大学二十年史』（一九七〇）には次のように記されている。

このゼミナールの一回大会は、「教育系大学としての学問的、勉学的態度の確立とともに、全国教育系大学生相互の交歓を図る」ことを目的とし、（昭和―筆者注）二九年、神戸大学において開かれた。大学は、このゼミナールの性格と活動情況について検討を加えた結果、その存在を一応認めることにし、三〇年一二月一八日から二二日まで、世田谷・小金井両分校主催で開く予定の第二回ゼミナール大会を許可することにした。この大会には、全国六〇余の教育系大学の学生およそ一〇〇〇名が参加したようである。なお、本ゼミナール大会は、これより会場を変えて毎年一回開くことにし、現在に至っている。

「参加したようである」という伝聞推定表現（その数字も先の伊ヶ崎・土屋編著と開きがある）からも、東京学芸大学側の対応は第一回大会の会場校であった神戸大学と比べて積極的とはいえなかったが、それでも大学は全教ゼミの活動を「一応認める」姿勢へと軟化した。このように大学当局としては消極的姿勢だったと思われる第二回全教ゼミに際し、当時助教授だった星野安三郎などが「提案にていねいに対応されている」ところを、当時一年生だった鈴木さんは目撃していたというのである。星野安三郎は戦後に復員・復学をして一九四七年に東北帝国大学を卒業後、東北大学特設研究科に進み、一九四八年に、親友の父親であった東京第三師範学校長の田中保房に誘われて同校の講師となる。その後、新制大学の創立に伴い東京学芸大学の講師、助教授、教授として研究・教育活動を続けた。その助教授時代に一九五五年入学の鈴木さんが出会ったのである。鈴木さんは星野による憲法の授業には特に圧倒されたといい、星野について以下のように記憶していた。「（星野さんは）師範学校なんて行きたくないと思ったんだけど、行ったところ意外に、やや旧制高校の（自由な）雰囲気があるといって気に入られて。」

鈴木さんは学生新聞会の取材をかねて、一九五五年一二月に東京学芸大学で行われた第二回全教ゼミだけでなく、一九五六年三月に長野で開かれた全教学協第五回大会や、同年一二月に愛知学芸大学岡崎分校で開催された第三回全教ゼミにも参加している。

第三回全教ゼミには全国から六八自治会、二〇〇〇余名が参加し、全教ゼミの性格・内容が大会報告書に次のように記述されるに至った。「ゼミ活動は、全教学協及び各自治会の文化活動の一分野として、民主的教育の擁護と発展を目指すものであり、我々は将来すぐれた教師として日本の民主教育の良き守り手となっていくという実践的見地に立って我々の自主的研究を発展させ、学問研究を深め教育科学の確立に寄与していくものである」(伊ヶ崎ら『教育系学生の思想と行動(上)』一九六九)。

学生の行動

「大学における教員養成」を機能させるうえで、施設の整備やカリキュラムの充実が求められていたが、草創期の東京学芸大学では十分に達成されていたとはいいがたい。それでも、その環境を嘆くだけでなく、それを克服しようと運動した学生もいたし、とりわけ全教ゼミが学生たちの手によって、時に大学と対立しながら、時に大学教員に支持されながら、開催されたことは特筆すべきである。前述の鈴木さんは、学生新聞会の記者として全教ゼミにも参加したし、キャンパス内で面白いといわれる教員や学生の噂を聞けば専攻を超えて会いに行ったり、学外にも「文化の香り」を求めて出かけたりしていた。当時の学生たちは苦学生が多かったが、学生ならではの時間の使い方と自由を時に持て余しながら、そのありがたみを知っていた。だからこそ、単位や成績で縛られることをきらい、カリキュラムに対する要望としては、「自由選択をひろげる」「専門教科を強化せよ」という声が多かったのではないだろうか。

このような学びの場の創出には、学生の選択と自由を保障する「時間」や「余白」が必要条件だったのではないだろうか。「文化果つるところ」と表現された草創期の東京学芸大学には、何がなくとも、それらが残されていたと思われる。折しも大学は新しい「カリキュラム（Curriculum）の概念」を掲げ、教員養成カリキュラムを模索していた。そして、鈴木さんのように「（自分が）どうするかということですよ」と考え、行動する学生がいたことを忘れてはならないだろう。

4　附属学校園の成立

東京学芸大学の草創期という時期区分は、「現在の小金井キャンパスは、いつ、どのように形成されたのか」という問いをもって一五〇年史を振り返る時に成立する、ひとつの歴史の見方でもある。一方、「現在の一一の附属学校園（一二の園・校舎）は、いつ、どのように形成されたのか」という問いを立てれば、「小金井キャンパス統合史」とはちがった草創期の歴史が見えてくる。

本学の附属学校園は、一九四九（昭和二四）年五月の「国立学校設置法」と一九五六年一〇月の文部省令第二八号「大学設置基準」第三九条の二つの法令を根拠にしつつ、①学部・大学院における研究を附属学校において実際の指導に取り入れ、その結果を学部・大学院の教育研究に生かしていくこと、②学部の教育計画に基づいて教育実習を指導すること、③公教育を行うこと、④地域の学校と連携すること、の四つの目的を担う施設として設置されている。以下では、草創期における各附属学校園の成立について、現在の附属学校園・校舎が存在する五つの地区（小金井・世田谷・大泉・竹早・東久留米）の形成過程として見ていきたい。

小金井地区

一九四五年四月一三日の空襲で池袋の校舎を焼失した東京第二師範学校男子部は、敗戦後の一九四六年五月、当時の小金井町貫井にあった旧陸軍第三技術研究所の跡地に移転した。これが現在の小金井キャンパスの原型であるが、当時の敷地は現在よりも東寄りに位置していた。例えば、現在のグラウンド門を出て新小金井街道を東にわたると、コンビニエンスストア「ローソン東京学芸大学前店」と本学の施設「コミュニティーセンター」がある。ここには当時、陸軍第三技術研究所時代に舟艇実験場としてつくられたプールがあり、現在の大学プールが建設される一九六四年まで使用された。「コミュニティーセンター」前の京王バスのバス停名が「プール前」であるのは、この名残である。

○附属小金井中学校

一九四七年四月、義務教育六・三制の導入によって新制中学校が発足することになると、東京第二師範学校男子部にも附属中学校が開設されることになった。校舎は小金井地区に開設されることが想定された。しかし、当時、空襲からの被災を免れて池袋で授業を再開していた附属小学校は、一貫教育や進学・通学の観点から、池袋における附属中学校の開設を望んだ。

結局、小金井に二学級、池袋に一学級（計一二八名）を開設する形で、東京第二師範学校男子部附属中学校はスタートした。一九五一年四月、東京学芸大学附属小金井中学校と改称、一九五七年、池袋教室が廃止され小金井に統合された。

○附属幼稚園（小金井園舎）

附属幼稚園の起源は、一九〇四年の東京府女子師範学校附属幼稚園である。以来、竹早に園舎が構えられてきたが、附属小金井中学校が小金井校舎に統合された一九五七年四月、大学の小金井への統合に伴って、幼児数三〇名が小金井分校内に移された。

当初、附属小金井中学校長が小金井園舎主任を兼任して運営にあたっており、園舎も学部教室を改装したものだったが、その教育は充実していたようである。『東京学芸大学五十年史』によれば、小金井園舎の第一回卒園生は、「ホールに身の丈ほどもある積み木が置いてあったことを記憶」しており、「積み木遊びは、私達を夢中にさせました。大きな家やトンネルが出来上がると、童話の世界の主人公になったような気がしたものでした」と述べたという。

○附属小金井小学校

第一部でみたように、一九四四年、応召などによる男性教員の不足に対応するため、第二師範学校に女子部が、文京区駒込東片町の

写真Ⅳ-4　附属幼稚園小金井園舎（1960年代）

追分国民学校校舎を東京都から引き継いで新設された。これによって、東京第二師範学校附属国民学校は、東京第二師範学校男子部附属国民学校に改称された。一方、女子部は、一九四五年四月、栃木県湯津上村の寺で集団疎開生活をしていた追分国民学校の児童をむかえて、東京第二師範学校女子部附属国民学校を現地で開校した。この二つの附属国民学校が現在の附属小金井小学校に合流する経緯は、複雑である。

池袋の第二師範学校男子部校舎は一九四五年四月の空襲で焼失したが、同地の男子部附属国民学校の校舎は被災しなかった。よって、同年一一月には、全員無事に引き揚げることのできた集団疎開児童を迎え、同地で授業を開始した。一九四七年、東京第二師範学校男子部附属小学校に改称された。一九五〇年には、文部省より、戦後の新科目「社会科」の実験学校として指定を受けている。一九五一年四月、師範学校制度解消に伴い、校名が東京学芸大学学芸学部附属豊島小学校と改称された。

敗戦後の女子部附属国民学校もまた、疎開児童が全員無事で引き揚げ、一九四五年一一月に追分で授業を開始した。翌年には文部省の実験学校に指定され、未完成であった学習指導要領の原案に基づいたカリキュラム、新科目「社会科」の学習指導のあり方等の研究に精力的に取り組んだ。一九五一年には、東京学芸大学学芸学部附属追分小学校に改称された。一方で、東京都からは校舎の返還を求められていた。

戦後すぐの小金井地区は、戦前以来の蓄積のある他の分校に比べて、土地は広いが施設は貧弱であった。よって、東京学芸大学の成立を「昇格」と捉え、「大学における教員養成」を充実させようとする観点からは、附属学校園をも含めた小金井キャンパスへの統合と充実が望まれたのである。

こうして、施設返還問題を抱える附属追分小学校が、まず小金井キャンパスへの統合の対象となった。反発した保護者らに対しては、大学全体の発展のためであること、卒業児童の母校は新設される附属小金井小学校となること、現役児童は附属竹早小学校が引き受けること、を条件に説得が行われた。そして、一九五九年度より附属追分小学校の募集を停止すると同時に、附属小金井小学校の募集（児童数八〇名）が始まった。この年の四月一五日、附属小金井小学校は開校した。

続いて、同じ第二師範学校にルーツを持つ附属豊島小学校が、附属小金井小学校への統合の対象となった。大学側は、所在地の池袋が戦後の急発展に伴う教育環境の悪条件化と、小金井キャンパスの充実による大学全体の発展という観点から説得を試みた。しかし、これに納得しない附属豊島小学校の保護者からは、「ハンストを含む移転反対運動」が起こったという（『東京学芸大学五十年史』一九九九）。度重なる話し合いを経て、一九六三年、小金井の新校舎に在籍児童が移籍し、一九六四年三月をもって移転が完了し、附属豊島小学校は閉校となった。

附属小金井小学校の校章には「なでしこ」の花がデザインされているが、これは附属追分・附属豊島両校の校章が引き継がれたものである。

世田谷地区

○附属世田谷小学校

東京第一師範学校男子部附属国民学校は、第一師範学校と同じ世田谷区下馬の校舎で敗戦を迎え

（もっとも、一九四四年八月より集団疎開が行われていた）、戦後も同校舎で授業が再開された。一九四九年に東京学芸大学が発足すると、東京学芸大学東京第一師範学校世田谷附属小学校と改称された。一九五一年には、東京学芸大学学芸学部附属世田谷小学校と改められた。この年には、大学整備という大方針のもと、附属世田谷小学校・附属世田谷中学校を世田谷区深沢に移転する計画がたてられた。敷地の確保や校舎建築費などの難しい問題を解決していきながら、一九五七年四月までに、現在地への移転が完了した。

この間、文部省の実験学校の期間（一九五二年度〜一九五五年度）も含め、大学との協力関係を築きながら、生活経験型のカリキュラムを実践的に研究し、戦後の新教育の充実に寄与した。

○附属世田谷中学校

一九四七年四月、東京第一師範学校男子部附属中学校が開設された。当初は附属小学校主事が附属中学校主事を兼任し、校舎も世田谷区下馬の附属小学校舎での「仮住まい」であった。「青葉会」という保護者会も発足したが、この名称は、東京第一師範学校の旧名「青山師範学校」に由来する。

一九五一年、東京学芸大学学芸学部附属世田谷中学校に改称された。この年に、世田谷区深沢に新校舎を建設する計画が立てられ、翌年、現在の校舎のある地に移転した。

○附属高等学校

義務教育六・三制の導入によって、一九四七年四月には、小金井、世田谷、大泉、竹早、追分の五か所に附属中学校が開設されたが、やがて保護者の間から、進学先として附属高校を設置してほしいという声が高まっていった。一方、大学にとっても、教員養成の研究と実践をいっそう充実させるという観点から、附属高校設置の必要性は強まっていた。この点について、初代学長の木下一雄は、のちに「大戦後、新学制の施行とともに、東京教育大学・お茶の水女子大学が教員養成大学としての性格を失ってきた事態において、東京学芸大学は将来全国の教員養成大学の中心的存在とならなければならない。そのために、附属高等学校の設立はどうしても必要であった」と述べている（『東京学芸大学二十年史』一九七〇）。

一九五四年四月、本部を世田谷区下馬に、校舎を世田谷区深沢と文京区竹早の二か所に置く形で、東京学芸大学学芸学部附属高等学校が開設された。当初は専任教職員数も少なく、非常勤講師の交通費等をＰＴＡの財源に頼っていたが、しだいに拡充されていった。大学の小金井キャンパスへの統合によって、一九六四年、校舎が世田谷区下馬一か所に統合された。以来、一九三六年に完成した青山師範学校時代の建物が、附属高校の玄関として使用されている。

大泉地区

○附属大泉小学校

全学年が集団疎開先で敗戦を迎えた東京第三師範学校附属国民学校は、敗戦後に大泉に引き揚げ、授業を再開した。一九四七年四月、東京第三師範学校附属小学校と改称され、翌年には文部省実験学校に指定された。一九四九年、東京学芸大学東京第三師範学校大泉附属小学校と改称され、児童の生活を中心とする「生活カリキュラム」の研究を、『小学校カリキュラムの構成』として刊行した。一九五一年四月に、東京学芸大学学芸学部附属大泉小学校に改称された。

一九三八年の開校以来、附属大泉小学校のシンボルは菊であり、現在の校章のデザイン等に引き継がれている。開校当時、児童の生活綱領は「1　天皇陛下の御民です。骨身惜しまず働きます。国の光を輝かします。」「2　アジアを興す子どもです。潤い気宇で勉強します。強い身体を鍛えます。」「3　菊の園生の生徒です。毎朝元気で飛起きます。励ましあって進みます。」の三か条であった。一九六三年に定められた菊の園の生活目標では、「1　きくの園の子どもです　ねばり強くがんばります　ほねみおしまず働きます」「2　日本をになう子どもです　強いからだをきたえます　はげましあって進みます」「3　世界にのびる子どもです　のぞみを高くかかげます　ひろい心でまなびます」の三か条とされた（『東京学芸大学二十年史』一九七〇）。

○附属大泉中学校

一九四七年四月、東京第三師範学校附属中学校が開設された。東京第三師範学校附属小学校の四教室分を仮校舎としてのスタートであった。一九五一年四月に、東京学芸大学学芸学部附属大泉中学校に改称された。一九五五年、大学の小金井キャンパス統合によって大泉分校が閉鎖されると、大学分校跡に校舎を移転した。

附属大泉小学校とともに、小中九年間一貫教育についての研究に取り組んだ。その後、一九六五年に

「海外帰国子女学級」を併設し、帰国生と一般生との相互交流・相互啓発を特色とするようになった。こうした積み重ねは、現在の附属国際中等教育学校へと引き継がれている。

竹早地区

○附属幼稚園（竹早園舎）

附属幼稚園の起源である東京府女子師範学校附属幼稚園（一九〇四年開設）は、一九四三年、師範教育令の改正で官立になることにより、東京第一師範学校女子部附属幼稚園に改称された。しかし翌年八月、戦時非常措置により休園に追い込まれた。再開されたのは、一九四六年四月である。一九五一年、東京学芸大学学芸学部附属幼稚園に改称された。一九五七年四月、大学の小金井統合に伴い、三〇名の幼児が小金井分校内に移った。

竹早園舎の特色と意義は、隣接する附属竹早小学校の教育目標、内容と密接な連絡をとり、大学とも連携しつつ幼小連携について研究してきたことにある。

○附属竹早小学校

東京府女子師範学校附属小学校を起源とする東京第一師範学校女子部附属国民学校は、三年生以上が集団疎開の中で一九四五年の敗戦を迎えた。その後、竹早に引き揚げて授業を再開し、一九四七年に東京第一師範学校女子部附属小学校と改称された。一九五一年、東京学芸大学学芸学部附属竹早小学校に改められた。一九六一年には、附属小金井小学校に統合されることになった附属追分小学校の四～六年生二七三名を受け入れている。

創立当初から「誠」の一字を校訓に掲げている。一九四八年には、文部省の実験学校として体育科の研究に取り組み、『指導要綱に準拠せる小学校体育の計画と実践』を一九四九年に出版した。一九六四～一九六八年にかけては、「指導内容の基本化とその学習過程」というテーマで研究に取り組んだが、これは一九六八年の第四次改訂学習指導要領における基本方針「基本的事項を精選し、指導の徹底をはかる」の具現化であった（『東京学芸大学二十年史』一九七〇）。

○附属竹早中学校

一九四七年四月、竹早の地には二つの附属中学校が開設された。東京第一師範学校女子部附属中学校（校舎は、東京第一師範学校女子部附属小学校内）と、東京第二師範学校女子部附属中学校（校舎は、東京第二師範学校女子部校舎内）である。一九五一年、前者は東京学芸大学学芸学部附属竹早中学校に、後者は東京学芸大学学芸学部附属追分中学校に改称された。

両校ともに、校舎を「間借り」している状態があった。一方、附属追分中学校には、先述のとおり、東京都への土地返還問題が生じていた。こうした中でとられた大学の小金井キャンパス統合方針＝

写真Ⅳ-5　附属竹早中学校正門（1960年代）

竹早分校の閉鎖は、上記問題を、二つの附属中学校を統合して分校跡を新校舎とするという方法によって、一気に解決する動きへとつながった。

一九五四年四月、附属竹早中学校、附属追分中学校両校を廃し、東京学芸大学学芸学部附属中学校が新設された。学校名に地名が入らなかったことに、統合時の苦悩が見えるだろう。すなわち、「世田谷」や「大泉」など他の附属校との区別のためには地名がある方がよい。しかし、新校舎の地名で選べば「竹早」が選ばれることになる。そうすると、「追分」の地名のみがなくなり、これでは「対等」の統合にはならない。検討過程では、両校から一字ずつをとって「追竹」という案も出たが、決定には至らなかったという(『東京学芸大学二十年史』一九七〇)。しかし、年月を経て、一九六〇年、東京学芸大学学芸学部附属竹早中学校に改称された。

東久留米地区

○附属特別支援学校

一九五三年、当時の附属竹早中学校長で、「特殊学級」設置の必要性を痛感していた川口廷《ただす》は、文部省とも相談しながら、特殊学級開設準備委員会を結成した。翌年、開設が認可され、一〇名の入学者から成る「特殊学級」が「若竹学級」の名称でスタートした。

一九六〇年、広島大学とともに全国に先駆けて「養護学校教員養成課程」が大学に開設されると、小学部三クラス、中学部三クラスの附属養護学校として独立することになった。一九六二年には、高等部一クラスも増設された。こうして施設が手狭になってきたため、一九六六年、当時の久留米町氷川台（現東久留米市氷川台）に新校舎が建設され、移転した。

一九五五年度に「精神薄弱児の数概念について」と題する研究を発表し、その後も共同研究「放送教材の位置づけとその活用」で一九六五年にＮＨＫ学校放送教育賞を受賞するなど、重要な研究と実践を切り拓いていった。

コラム

草創期における教育実習生の学習指導案

戦後の教員養成政策の変更により、附属学校園にも「大学における教員養成」を担うことが期待された。では、草創期におけるその実態はどうであったか。草創期に附属小金井中学校の教諭であった森秀夫が残した、当時の教育実習生の学習指導案の一つから、その一端をのぞいてみよう。

数学科の単元名が「遠足」であること、「数学的目標」として「郵便局、銀行等に貯蓄したりするような実務に関係して、数学的に処理するに必要な用語や基本的概念を理解する」とあること、「生徒の実態」として「遠足を行ったばかりであるし、又新しい計画をたてると言う事は彼等のこの単元に関する関心を強め興味を引くと思う」とあること、「関係単元」として「社会科　我国土の自然と特色」とあること、等々。生活上に直面する身近な問題に対して「見方・考え方」を働かせる学習、そのための教科横断的な単元理解など、今日の教育課題との類似点を見つけることができる。

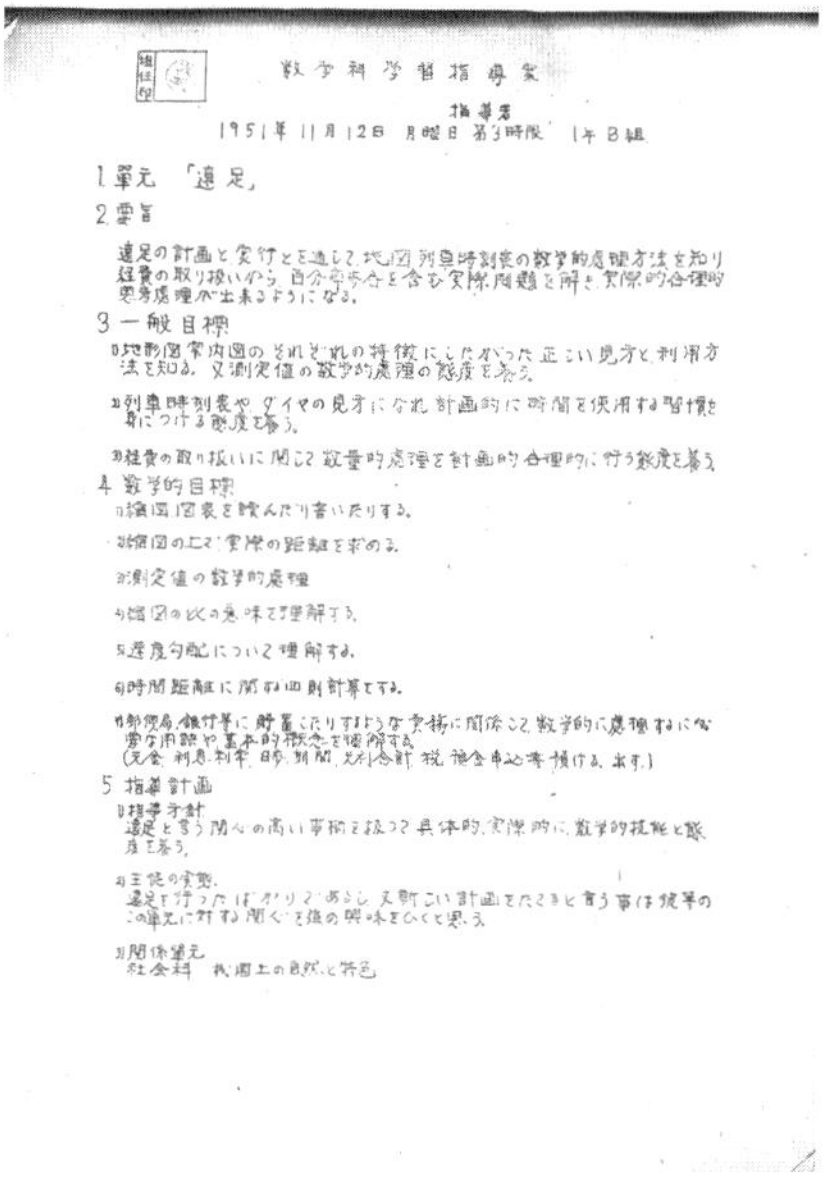

担任印

数学科学習指導案

指導者

1951年11月12日 月曜日 第3時限 1年B組

1.單元 「遠足」

2.要旨

遠足の計画と実行とを通して地図 列車時刻表の数学的処理方法を知り経費の取り扱いから百分率歩合を含む実際問題を解き実際的合理的事務処理が出来るようになる。

3 一般目標

1)地形図案内図のそれぞれの特徴にしたがった正しい見方と利用方法を知る。又測定値の数学的処理の態度を養う。

2)列車時刻表やダイヤの見方になれ計画的に時間を使用する習慣を身につける態度を養う。

3)経費の取り扱いに関して数量的処理を計画的合理的に行う態度を養う。

4 数学的目標

1)縮図図表を読んだり書いたりする。

2)縮図の上で実際の距離を求める。

3)測定値の数学的処理

4)縮図の比の意味を理解する。

5)速度勾配について理解する。

6)時間距離に関する四則計算をする。

7)郵便局、銀行等に貯蓄したりするような実務に関係して数学的に処理するに必要な用語や基本的概念を理解する。
(元金 利息 利率 日歩 期間 元利合計 税 預金申込書 預ける 出す)

5 指導計画

1)指導方針
遠足と言う関心の高い事柄を扱って具体的、実際的に数学的技能と態度を養う。

2)生徒の実態
遠足を行ったばかりであるし 又新しい計画をたてると言う事は彼等のこの単元に対する関心を強め興味をひくと思う

3)関係単元
社会科　我国土の自然と特色

写真Ⅳ-6　教育実習生の数学科学習指導案
(1951年)

V　一九六〇年代以降の教員養成政策の動向と東京学芸大学の発展

一九六〇～八〇年代にかけての日本社会は、高度経済成長期にあたり、教育機会の量的拡大と激しい受験戦争に象徴される競争の時代であり、また国の教育政策が厳しさを増す時期であった。東京学芸大学においては、一九六四（昭和三九）年の世田谷分校の小金井キャンパスへの統合を起点として、教員養成制度の改正の動きに伴う教員養成系大学としての組織再編、大学の充実化のための組織・設備の整備や教育研究活動のための組織・機関（専攻科、大学院修士課程、センター・施設等）の設置が進んだ時期であった。『東京学芸大学五十年史』（一九九九）においては、「拡充・発展期」（一九六四～七五年）、「展開期」（一九七六～八六年）と時期区分されている。

1　一九六〇年代以降の教員養成制度改革と東京学芸大学

課程―学科目制の導入

一九五八（昭和三三）年七月二八日に出された中央教育審議会（以下、中教審）答申「教員養成制度の改善方策について」において、戦後の教員養成制度の特徴の一つとして開放制（教員養成を主とする大学・学部でなくとも、教職課程を履修し、所定の単位を取れば教員免許を取得できる制度）を挙げつつ、近年、単に資格を得るために最低限の単位を形式的に取得する傾向があり、その結果「職能意識はもとより教員に必要な学力、指導力すら十分に育成され得ない実情」があり、これが教員の質の低下をもたらした要因であるとしている。また、教員養成を主とする大学においてもその目的が必ずしも明確に掲げられておらず、教員の需要も計画的でないと現状を批判した。そのうえで、専門職業としての教員に要請される高い資質育成のためには、教員の養成を国の定める基準によって大学において行うこと、この基準に基づき教員養成を目的とする大学を設置することが提案された。この答申は、国家による教員養成の統制を意味し、戦後の教員養成制度の根幹を揺るがす提案であった。反対意見がかなり強かったこともあり、この改革方策がそのまま実施されることはなかったが、その後の教員養成制度改革の議論の基調となっていった。

一九六三年一月に出された中教審答申「大学教育の改善について」において、高等教育機関の種別化が提言された。これを受ける形で同年三月に「国立学校の一部を改正する法律」が出され、国立大学の学部において、文部省令により学科または課程を置くことが法的に根拠づけられた。そのうえで、一九六四年二月に文部省令「国立大学の学科及び課程並びに講座及び学科目に関する省令」が出され、すべての国立大学の学部の内部組織が規定された。具体的には、旧制大学を基礎とする新制大学・学部は「学科―講座制」、旧制高等学校、専門学校を基礎とする大学・学部は「学科―学科目制」、そして本学をはじめとする師範学校を基礎とする大学・学部は「課程―学科目制」とされた。文部省の説明によると、「学科」とは教育研究上の学部の内部組織で、「課程」とは学部の性格上学科を置くことが適当でない場合における教育上の学部の内部組織であり、教員養成系大学・学部が全国一律に「課程―学科目制」となることは教員養成を目的とする、教員養成のためだけの教育を行う組織となることを意味し、それは教員養成系大学・学部への「差別化」、格差の固定化を意味するものであった。

この省令の制定に際して、前年の一九六三年一一月に省令原案が各大学長あてに送付されたが、これに対して教育学関係学会や教員養成系大学から意見や要望が表明された。本学においても、深刻な事態と受け止め厳しい批判が噴出し、「教員養成関係の大学・学部だけをこの制度によることとするのは、将来大学間の格差を生む懸念が十分あるので、そのようなことを来さないよう万全の措置を講ぜられたい」とした意見書が提出されたが、それらの意見によって省令案が変更されることはなく、一九六四年二月に大学の学部内部組織は一律に規定されることとなったのである。しかし後述のように、一九六六年に大学院修士課程が設置されると、学部の学科目が講座に組み入れられ、予算等の格差が解消されていくとの見方が強まり、学内における「課程―学科目制」への関心は次第に薄れていったという（『東京学芸大学五十年史』一九九九)。

学芸大学・学芸学部名称変更問題

一九六五年から一九六七年にかけて、国立の学芸大学・学芸学部がほぼ一斉に名称を変更した。一九六五年四月に、東北大学教育学部の教員養成課程を分離して宮城教育大学を創設したことを嚆矢とし、翌一九六六年には大阪学芸大学と秋田大学学芸学部以外のすべての学芸大学・学芸学部が教育大学・教育学部となり、翌一九六七年には残る大阪学芸大学と秋田大学学芸学部もそれぞれ名称を変更した。本学の場合は、すでに東京教育大学(現・筑波大学)が存在していたため、大学名として学芸大学は残り、一九六六年に学部名のみを学芸学部から教育学部に改称した。

この教育大学・教育学部への改称は、教員養成系大学の目的・性格の明確化のために行われたものであり、単に名称を変更したということではなく、一九五八年の中教審答申以降の一連の教員養成制度改革に連なるものであった。前述の教員養成系大学の「課程—学科目制」への転換は批判や反論が噴出したが、この名称変更については、本学をはじめ全国的にあまり強い抵抗なく受けとめられていったという。その理由について、『東京学芸大学五十年史』では、教育刷新委員会による戦後教育改革の具体的方向性の審議以来、「旧師範学校はむしろ教員養成を目的とする「教育大学・学部」の創設をめざして」おり、「新制大学発足後に設立された教大協の名称が「日本教育大学協会」であったのは、そのような元来の志向性を暗示しているのかもしれない」と説明している。「課程—学科目制」導入と学芸大学・

学芸学部からの改称により、教員養成系大学の組織の画一化と目的明確化とがなされたのである。

2　教育研究組織の改編およびカリキュラムの改訂

教育研究組織の設置と改編

一九五〇（昭和二五）年に「学則」を制定して以降、東京学芸大学の教育研究組織は学芸部（一般教養科目、専門科目）と教育部（教職科目）の二部制をとってきたが、一九六四年に世田谷分校と小金井分校が廃止となり、小金井キャンパスに統合されるにあたり、改組されることとなった。新たな教育研究組織は三部制で、第一部に人文・社会科学に関する学科および教科教育、第二部に自然科学に関する学科および教科教育、第三部に実技・実習を伴う学科および教科教育をおいた。二部制では分かれていた教育系講座が各部に組み込まれる形となった。一九七三年には四部制に移行したが、これは人数の多かった第一部（人文・社会科学系）を二分割し、平均化したものであった。

『東京学芸大学カリキュラム』の第一次改訂（一九五五年）

一九五二年制定の『東京学芸大学カリキュラム』が実施されたのち、学内では教育課程の構造や実施

表V-1 1970年代までの教育研究組織

年	部	講座
1950年 (二部制)	学芸部	人文科学関係、社会科学関係、自然科学関係、家政及産業関係、美術及体育関係
	教育部	教育科学関係、各科教育関係(教科教育含む)
1964年 (三部制)	第一部	国語国文学、漢文学、英語英文学、ドイツ語、フランス語、教育学、教育心理学、学校図書館学、聾教育、養護学校教育、幼稚園教育、国語教育、英語教育、哲学、法学、経済学、社会学、史学、地理学、社会科教育
	第二部	数学、物理学、化学、生物学、地学、数学教育、理科教育
	第三部	音楽、美術、書道、芸術学、音楽教育、美術教育、家政学、農学、工学、商学、体育学、体育科教育、家庭科教育、職業教育
1973年 (四部制)	第一部	国語教育学科、英語教育学科
	第二部	社会科教育学科、学校教育学科、特殊教育学科
	第三部	数学教育学科、理科教育学科
	第四部	音楽教育学科、美術教育学科、保健体育学科、家庭科教育学科、技術科教育学科、特別教科(書道)教員養成課程、職業科教育教員養成課程

表V-2 東京学芸大学　課程の変遷

年	1949年〜	1953年〜	1955年〜	1966年〜
学部	学芸学部			教育学部
課程	一部＝四年課程 ・甲類 初等教育学科 ・乙類 中等教育学科 二部＝二年課程 ・甲類 初等教育学科 ・乙類 中等教育学科 ・丙類 幼稚園教育学科	一部＝四年課程 ・甲類 初等教育学科 ・乙類 中等教育学科 二部＝二年課程 ・甲類 初等教育学科 ・乙類 中等教育学科 ・丙類 幼稚園教育学科 ・丁類 特殊教育学科	・甲類 初等教育学科 ・乙類 中等教育学科 (※二部＝二年課程廃止)	・A類 初等教育教員養成課程 ・B類 中等教育教員養成課程 ・C類 特殊教育教員養成課程 ・D類 特別教科教員養成課程 ・E類 幼稚園教育教員養成課程 (幼稚園教育教員養成課程は1967年〜)

年	1988年〜	2000年〜	2007年〜	2015年〜
学部	教育学部			
課程	・A類 初等教育教員養成課程 ・B類 中等教育教員養成課程 ・C類 特殊教育教員養成課程 ・D類 特別教科教員養成課程 ・E類 幼稚園教育教員養成課程 ・K類 国際文化教育課程 ・N類 人間科学課程 ・J類 情報環境科学課程 ・G類 芸術課程	・A類 初等教育教員養成課程 ・B類 中等教育教員養成課程 ・C類 障害児教育教員養成課程 ・L類 生涯学習課程 ・N類 人間福祉課程 ・K類 国際理解教育課程 ・F類 環境教育課程 ・J類 情報教育課程 ・G類 芸術文化課程	・A類 初等教育教員養成課程 ・B類 中等教育教員養成課程 ・C類 特別支援教育教員養成課程 ・D類 養護教育教員養成課程 ・N類 人間社会科学課程 ・K類 国際理解教育課程 ・F類 環境総合科学課程 ・J類 情報教育課程 ・G類 芸術スポーツ文化課程	・A類 初等教育教員養成課程 ・B類 中等教育教員養成課程 ・C類 特別支援教育教員養成課程 ・D類 養護教育教員養成課程 ・E類 教育支援課程

に関する検討が続けられた。一九五五年度に二年課程が廃止されることとなり、また、初等教育学科に「教育・心理選修」が加えられることとなった。これを機に、一九五五年四月、カリキュラムの第一次改訂が行われた。その概要は、二年課程の廃止、外国語の履修可能単位の増加、初等教育学科内に教科選修のほかに新たな教育・心理選修の加設、教育実習の内実の明確化などである。

二年課程が廃止されたのは、教員の需給において、その必要性がなくなったからであると説明がされている。また、外国語を重視したのは、将来深く教育・学術研究をすすめる素地をなすためであるとしている。この一九五五年の第一次改訂は、改訂というより、一九五二年カリキュラムの整備・充実という意味合いが強く、曖昧であった部分が明確化されたものであった。

『東京学芸大学カリキュラム』第二次改訂（一九六六年）

学部名が教育学部に改称した一九六六年、『東京学芸大学カリキュラム』の第二次改訂が行われた。第一次改訂が出された直後の一九五六年度にはカリキュラム委員会が設置され、第一次改訂カリキュラムの再検討が開始された。当初の検討の方向性は、履修基準総単位数および授業時間の軽減による自由な学習機会と課外活動の余裕を与えること、各課程の独自性の発揮と授業科目相互間の関連・統合を図ることなどであった。

一九五九年には継続してカリキュラム委員会が設けられたが、ここでは再度第一次改訂カリキュラムの現状および問題を分析するとともに、改訂実施案の基本案が作成されることとなった。カリキュラム委員会は、カリキュラムの全面的で根本的な再検討と改善の提案が必要という結論に至り、一九六二年一一月に「教員課程の基本構成案」がまとめられた。この中で「目的規定に関する提案」として、「(1)本学では原則として学校教育者の養成を目的とする」と打ち出された。この提案に関する審議過程として、「学校教育者の養成を主たる目的とする」か「学校教育者の養成を目的とする」かで意見が分かれたが、委員会としては本学の使命が義務教育諸学校の教員養成を中心とするものであるとの認識から、必ずしも免許資格の取得を必要としないもしくは学校教育者以外の可能性を排除すべく、「主たる目的とする」の「主たる」の部分を削除した。他の可能性を排除することにより、学校教育者の養成を中心に据えたカリキュラムとして目的を明確化することが提案されたのである。一九六三年に修正案が作成され、一九六四年には基本案が教授会で承認され、一九六六年四月に第二次改訂が行われた。

この第二次改訂では、おもに以下のような方針に基づき履修基準が決定された。

① 履修基準を従来の一三六単位から一四〇単位とする。
② 一般教育科目の中に基礎教育科目を開設する。
③ 教科教育学を教職科目から独立した位置づけにする。
④ 各専攻・選修教科に傾斜をもたせるピーク方式をとる。
⑤ 枠外の自由科目を開設する。
⑥ 一般教育科目を前期二か年で履修させる。
⑦ 専門科目を強化するうえで一免許主義をとる。

一九五五年の第一次改訂カリキュラムと比べて、一般教育科目が人文・社会・自然の三系統に区分されたこと、保健体育科目が実技と理論に分かれたこと、一般外国語科目が独立し、英語（必修）とドイツ語・フランス語（選択必修）に分かれたことなどが主な変更内容であった。履修基準総単位数は四単位増加され、一単位あたりの授業時間数は、講義の場合一一〇分一五週で二単位、演習は一一〇分一五週で一単位（一九六九年より一時限一〇〇分に変更）となった。ちなみに当時一日の授業は午前中二時限、午後二時限の計四時限であった。カリキュラム改訂を検討し始めた当初は「自由な学習の機会と課外活動の余裕を与え」ることがめざされたが、実際にはよりタイトな内容となった。

なお、このカリキュラム第二次改訂と併せて課程が変更され、それまで甲類、乙類、丙類だった名称が、A類　初等教育教員養成課程、B類　中等教育教員養成課程、C類　特殊教育教員養成課程、D類　特別教科教員養成課程、E類　幼稚園教育教員養成課程となった。

『東京学芸大学カリキュラム』第三次改訂（一九七九年）

一九六六年に第二次改訂が行われたのち、一九七三年に改訂カリキュラム委員会が設けられ、翌年からは改訂カリキュラム実施検討委員会に引き継がれ議論が継続された。学生の意見を聞く「カリキュラム検討会」も開かれ、大学設置基準一部改正や高等学校学習指導要領改訂を踏まえた内容で一九七九年に改訂が行われた。具体的な内容は以下のとおりである。

①卒業基準単位は、類により異なり、現行の一四〇単位より一二四～一三一単位に引き下げる。
②一般教育科目では一部を除いて全学生が自主的に選択履修できるように開設する。また、社会、人文、自然の三分野のうち、二分野以上にわたるもの、或いは一分野でも総合科目的な性格をもつ科目を開設する。
③基礎科学では現行よりも必修科目を減らし、選択科目を多く開設する。また、類、専攻、選修を超え、且つ、学科を超えて履修することも一定限度で可能にする。さらに、卒業研究を基礎科学に位置づける。
④教育科学では、必修科目と選択科目とに分けて開設する。
⑤道徳教育の研究では、新たに地理学的領域からの開設を加える。
⑥教育実地研究では、B、D類の協力校における実習に自主的に参加できるよう選択科目を開設する。また、病気・障害等のため教育実地研究が不可能となった者の特例事項を設ける。
⑦枠外自由科目では、本学免許状資格取得の許された範囲で取得できるように開設する。また、新たに社会教育主事および学芸員（一部授業科目が認められれば）資格取得のための開設をする。

最低習得単位数の引き下げ、全体として選択履修の幅を広げるなど、「拘束性や硬直性をできるだけときほぐして、学生の自主的な学習研究活動の充実をはかろうというもの」であった（『東京学芸大学五十年史』一九九九）。一四〇単位にまでふくれあがった卒業基準単位数を、大学設置基準に近づけようとする改訂であった。

3 一九六〇年代から一九七〇年代の学生の動向

六〇年安保闘争と学生の動向、大学生協の設立

安保闘争とは、一九五九（昭和三四）年から一九六〇年、一九七〇年の二度にわたり行われた日米安全保障条約（安保条約）改定に反対する国会議員、労働者、学生、市民等が参加した反政府、反米を掲げる大規模なデモ運動を指す。この運動は全国各地の大学や高校などにも波及し、本学学生もその影響を受けている。

『東京学芸大学五十年史』は、本学学生の安保闘争への取り組みについて、他の大学と同じように「クラスやサークルの討論活動を重ねながら学生の総意を形成し、国会請願デモへと高められていった」と述べたうえで、本学教員であった山崎真秀の見解を紹介している。山崎は、東京学芸大学教職員組合機関紙『あしなみ』（一九六〇年七月）に論文を寄せ、本学学生が安保闘争に至るまでの運動で学んだ教訓は、「大学自治の主体の一部として彼ら自身を位置づけてきたが、彼らの期待や自覚の方向とは相容れない管理・教育体制が用意されていることの発見であった」と論じている。

教育心理学を専門に学ぶ学生を中心とする学生生活研究会が、一九六三年から翌年にかけて、大学や授業に対する満足度を調査しその結果を公表している（『教師への道―東京学芸大学における沈滞現象の実証的探求』一九六四）。この調査結果によると「授業」に対して七六・三％の学生が「まったく不満足」「や

や不満足」と回答し、「非常に満足」「やや満足」と回答した七・四%の学生を大きく上回る結果となった。

一九六四年は、大学が小金井キャンパスに統合された年であり、その影響が出ている可能性はあるが、『東京学芸大学五十年史』では「六〇年安保闘争を乗り越えて、学生も教官も教育研究という大学本来の目的に向かって歩み始めた結果」ではないかと評価している。

同時に、キャンパス生活の点でも改善が見られたのがこの時期であった。一九六〇年二月に学内の福利厚生を担う団体として、多くの学生・教職員の賛同を得て東京学芸大学生活協同組合が設立されたことは注目される出来事である。当初の会員数は二二〇〇人、店舗は規模が小さく、営業面積は約五〇〇㎡と現在の五分の一以下で、そこに食堂と書籍・文房具の店が開店した。その後、大学生協は一九八〇年代にかけて規模も拡張され、理髪店や喫茶店なども開設されていった。

写真V-1　東京学芸大学生活協同組合・購買部（1960年代）

サークル活動の展開と一九六九年の小金井祭

『東京学芸大学五十年史』では、一九五〇年代後半から六〇年代にかけて活躍した教育実践系のサークル活動を紹介している。本学には子どもとの交流と子ども理解を目的に活動を展開する演劇サークルや子ども会活動サークル、人形劇サークルなどがあるが、この時期は近隣地域だけではなく地方巡演なども活発に行われ、活動範囲が全国規模におよぶサークルもあった。

特に、児童文化研究部の活動はめざましく、毎年さまざまな子ども向けの上演作品を創作し、都内のみならず東北地方や八丈島、伊豆大島などの離島へも足を伸ばして上演し、現地の子どもたちとの交流を積極的に深めていた。『東京学芸大学五十年史』には、児童文化研究部の学生たちが、夏休み期間のほぼ三〇日間、全国の子どもたち七万人と交流したとの記録を紹介し「偉業」と呼んでよいと評価しているが、まさにそのとおりである。

教育実習以外に子どもと触れ合う機会を自らの努力と創造力で開拓し、子どもたちに楽しみの場を作り、励まし、理解しようとする学生たちの姿は、教育や子ども文化に対する本学学生の情熱以外の何物でもない。

一九六九年の小金井祭

一九六九年に開催された第一七回小金井祭は、当時の大学をめぐる社会状況や雰囲気を反映した内容となっている。東京学芸大学大学資料室に保存されているパンフレット（**写真V-2**）からその一端を見てみよう。

統一テーマは「明日に向ってふみだせ！」である。表紙には、「みつめよう祖国と大学の現状を！」「考えよう我らの進むべき道を！」「真の独立と平和・民主主義をめざし、明日の日本の文化の担い手、教育の担い手、我らが明日に向ってふみだせ！」と時代を反映したさまざまなスローガンが掲げられている。パンフレットを見ると政治問題、社会問題、特に教育に関するさまざまな企画が立てられている。興味深いのは、小金井祭実行委員会によって政治・社会問題と直結する課題や意義について説明されていることである。掲げられた小金井祭の意義は四点にわたって説明されている。①クラス・サークル・ゼミを基盤とした、自主的学問研究、文化、スポーツ活動を発表し、発展させる中で、これらのあり方を追求する場、②七〇年を前にした安保、沖縄などの情勢を明らかにし、大学の民主的変革への展望を明らかにしていく場、③学内諸階層の交流をはかり、統一と団結を深める場、④広範な市民と交流し、地域と社会との関連を考え、地域の人々とともに考え、地域の文化を発掘し普及し、私達の学問、文化、スポーツ活動を還元していく場である、とその意義が説明されているが、最近の小金井祭とは隔世の感があり、当時の大学祭のあり方をよく表している。

写真Ｖ-2　第17回小金井祭
パンフレット（1969年）

七〇年代の学生運動と寮問題

一九七〇年三月に東京学芸大学新聞会から発行された『東京学芸大学新聞』第一六一号（**写真Ｖ-3**）は、一面の見出しに「「東学大闘争」は可能か?」というセンセーショナルな見出しを掲げている。

同紙によると「学科制移行」問題を中心に大学、教授会との「闘争」となり、結果的に学生側が「敗北」したと報じている。

これは、一九六八年頃から教授会で議論されていた「学科制移行」の件が学生に公開されないままに進められていたことに端を発した学生運動である。「目的大学化の完成＝学科制移行白紙撤回」をスローガンに教員養成の理念なども含めて学長との団交（団体交渉）なども数回行われたが、大学側は一貫して「教官の研究体制の問題」であるとして学生側の要求を退けている。

『東京学芸大学五十年史』でも描かれているように、一九七六年から翌年にかけては、「特殊教育学科研究棟新営に伴うサークル部室の移転」問題に端を発する「養護学校と義務制問題」をめぐる学生側と大学との激しい対立があった。特殊教育学科研究棟建設に反対する学生たちは、それが養護学校の一九七九年度義務制移行と連動しているため認められないと主張したのである。このように問題は新たな展開を見せながら、全学的な拡がりをみせていった。

またこの時期は、学生寮問題をめぐる対立も起きた。一九七九年度入学者選抜共通一次試験の実施に伴い、本学では二次試験を実施しない学科があり、入学試験日に希望者全員に行っていた学寮案内や説明会などが二次試験を受けない受験生に対して実施できなくなった。当時、本学には雄辿寮、大泉寮、若竹寮、小平寮の四つの学寮があったが、大学側は四寮生と同時に話し合うこと

東京學藝大學新聞

受験生特集号

'69年度東学大学生運動の展開と総括の視点

「東学大闘争」は可能か？

斗争の発火点

写真V‐3　「「東学大闘争」は可能か？」『東京学芸大学新聞』（1970年3月，161号）

を方針として示した。大泉、若竹、小平の三寮生とは合意が成立したが、雄汕寮生たちは、寮生作成のパンフレットを公文書と同封することと団交を要求し続け、大学側との徹夜の交渉が行われた。その後、雄汕寮生たちは大学の方針を不満として二日間にわたる座り込みで抵抗を続けた。

4 教員養成系大学としての教育・研究機関の整備

専攻科

東京学芸大学に教員養成系大学で初めての大学院修士課程が設置されたのは、一九六六（昭和四一）年であるが、それ以前には、学部卒業後の継続教育機関として専攻科が設置されていた。この専攻科は、一九五四年四月に学芸専攻科として世田谷分校におかれ、修業年限は一年であった。学芸専攻科の目的は、「本学は、教養の高い専門的学芸に秀でた教員の養成を目的とする大学」であり、「本学の使命から特に教職課程及び芸能体育課程の科目については、精深な程度において、特別の専門技能を教授し、一層有為なる教育者の養成」を期すことである（「東京学芸大学専攻科設置要項」一九五四）とされていた。なお、設置申請の段階では「教職課程」と「芸能体育課程」であったが、保健体育が見送りになり、最終的に「教育専攻」、「芸術・書道専攻」（それぞれ定員一〇名）となった。教育内容は、教育専攻が教育学、教育心理学、教科教育学、芸術・書道専攻が音楽、美術・工芸、書道である。一九六〇年には保健体育専攻が増設された。また同年、臨時養護学校教員養成課程も設置され、一九六九年に、芸術・書道専攻を、音楽専攻、美術・工芸専攻、書道専攻の三つに改組した。

一九六六年の学芸学部から教育学部への学部名称変更により、専攻科は教育専攻科へ改称した。そして同年の修士課程（東京学芸大学大学院教育学研究科）の設置により段階的にその役割を終えていくこととなる。まずは教育専攻が、続いて一九七六年に音楽、美術・工芸および保健体育の専攻科がそれぞれ廃止され、残る書道専攻も一九八八年に廃止となった。

一方、一九七三年には、他の教員養成系大学に先駆けて、特殊教育特別専攻科（精神薄弱教育専攻）が設置された。これは、養護学校教育への社会的要求の高まりと養護学校教員補充の必要性から、「精深な程度において特殊教育に関する専門の事項を教授し、特殊教育の分野における資質の優れた教育者を養成すること」を目的とし、修業年限は一年で入学定員は三〇人、現職教員と小・中・高等学校、幼稚園のいずれかの普通免許状を有する者を対象としたものであった。設置から数年間は必ずしも定員に満たない状態が続いたが、一九七九年に養護学校教育が義務化されると、徐々に志願者数も増え、一九八〇年代以降は二倍近くの倍率となる年もあった。二〇〇七年に特別支援教育特別専攻科に改称され、現在に続いている。

大学院修士課程　設置の経緯

本学における大学院修士課程設置の動きは、一九六四年一月の教授会における高坂正顕学長（当時）

による所信表明およびそれに続く七月の学長提議「大学院設置要請の理由」に端を発している。この提議のもと大学院概算要求検討委員会が設置され、検討が開始され、文部省に一九六五年度概算要求を提出したが、教員養成系大学独自の大学院についてこの時点で法的規定がなく実現の可能性がないということでこの年は受け入れられなかった。しかし時をおかず九月に改めて大学院検討委員会が発足し、具体的な内容（全学的視野のもとに教育者養成に関する基礎的研究を行うこと、高等学校一級普通免許状への道を開くこと、教育修士課程が妥当であることなど）が検討された。同年一二月に大学院設置準備委員会を設置し、具体案が作成され、一九六六年度の概算要求案が作成された。

　大学設置審議会では、本学での大学院設置要求に対し、教員養成系大学における研究科設置の前例がなく設置基準も設けられていないため、新たに特別委員会を設け議論を行った。設置にあたり、文部省から設置審議会の意見という名目でいくつかの留意事項が付された。そこには、「義務教育諸学校に関する研究を主として行なうよう配慮すること」や「現職教

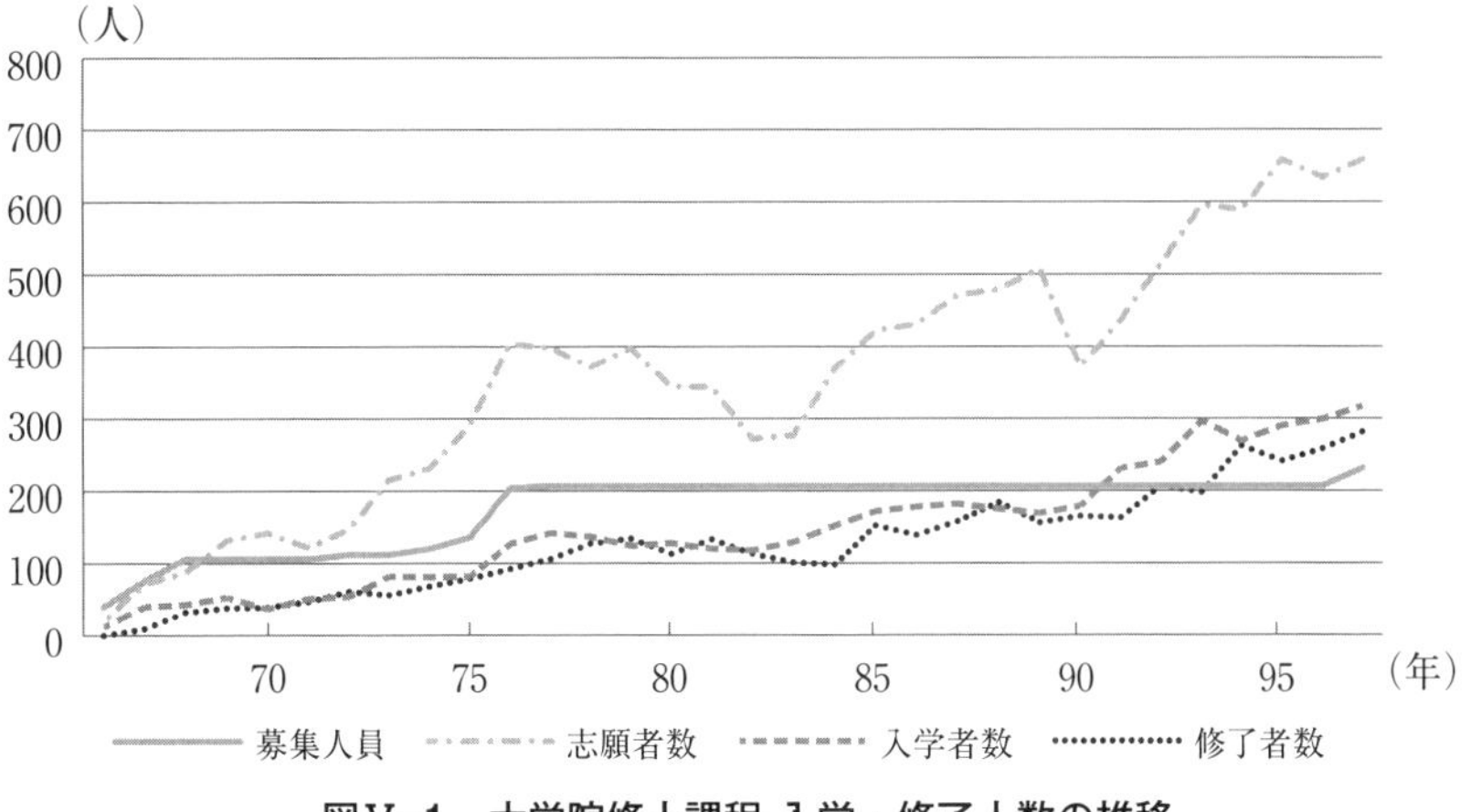

図V-1　大学院修士課程 入学・修了人数の推移

員にも入学の機会が与えられるようじゅうぶん配慮すること」、「国語教育専攻および社会科教育専攻をなるべくすみやかに設置するよう努力すること」などが添えられた（「東京学芸大学大学院の設置について（通知）」一九六六年四月一八日付）。留意事項はあったものの、一九六六年四月一八日付文部省大学学術局長による「東京学芸大学大学院の設置について（通知）」を以て、東京学芸大学大学院教育学研究科が設置された。教員養成系大学で初めての大学院であった。

大学院修士課程　設置時の修士課程の内容

本学大学院修士課程の正式な名称は「東京学芸大学大学院教育学研究科」であり、一九六六年時点の専攻の構成は学校教育専攻、数学教育専攻（それぞれ定員八人）、理科教育専攻（定員一八人）、英語教育専攻（定員六人）で、取得学位は「教育学修士」であった。「昭和四一年度（新設）東京学芸大学大学院教育学研究科（修士課程）学生募集要項」によると、大学院の目的は「学部における一般的ならびに専門的教養の基礎のうえに広い視野に立って精深な学識を修め、理論と応用の研究能力および教育実践の場における教育研究の推進者となる能力を養うこと」である。設置後の変遷については、**表Ⅴ-3**「大学院教育学研究科の変遷」を参照されたい。設置の翌年の一九六七年には国語教育専攻、社会科教育専攻、音楽教育専攻の三つが新たに加わり、漸次専攻数が増えていった。二〇〇八年には夜間大学院および教職大学院も含め、一六の専攻をもつに至った。初年度である一九六六年の入学者選抜は四月一八日に行われ、全専攻合わせて定員四〇人に対し、志願者数二〇人、合格者数一二人と定員割れの状況であった

表V-3　大学院教育学研究科の変遷

年	1966年	1967年	1968年	1974年	1975年
専攻数	4	7	10	11	12
専攻名	学校教育専攻 数学教育専攻 理科教育専攻 英語教育専攻	学校教育専攻 数学教育専攻 理科教育専攻 英語教育専攻 国語教育専攻 社会科教育専攻 音楽教育専攻	学校教育専攻 数学教育専攻 理科教育専攻 英語教育専攻 国語教育専攻 社会科教育専攻 音楽教育専攻 美術教育専攻 保健体育教育専攻 家政教育専攻	学校教育専攻 数学教育専攻 理科教育専攻 英語教育専攻 国語教育専攻 社会科教育専攻 音楽教育専攻 美術教育専攻 保健体育教育専攻 家政教育専攻 障害児教育専攻	学校教育専攻 数学教育専攻 理科教育専攻 英語教育専攻 国語教育専攻 社会科教育専攻 音楽教育専攻 美術教育専攻 保健体育教育専攻 家政教育専攻 障害児教育専攻 技術教育専攻

年	1997年	2005年	2008年	2019年
専攻数	13	15	16	3
専攻名	学校教育専攻 数学教育専攻 理科教育専攻 英語教育専攻 国語教育専攻 社会科教育専攻 音楽教育専攻 美術教育専攻 保健体育教育専攻 家政教育専攻 障害児教育専攻 技術教育専攻 総合教育開発専攻※1	学校教育専攻 学校心理専攻 特別支援教育専攻 数学教育専攻 理科教育専攻 英語教育専攻 国語教育専攻 社会科教育専攻 音楽教育専攻 美術教育専攻 保健体育教育専攻 家政教育専攻 技術教育専攻 養護教育専攻 総合教育開発専攻※1	学校教育専攻 学校心理専攻 特別支援教育専攻 数学教育専攻 理科教育専攻 英語教育専攻 国語教育専攻 社会科教育専攻 音楽教育専攻 美術教育専攻 保健体育教育専攻 家政教育専攻 技術教育専攻 養護教育専攻 総合教育開発専攻※1 教育実践創成専攻※2	次世代日本型教育システム研究開発専攻 教育支援協働実践開発専攻 教育実践専門職高度化専攻※2

※1 夜間大学院　※2 教職大学院

が、専攻数の増加・拡大および多様化により、徐々に志願者数も増えていき、一九七〇年代半ばには二〇七人の定員に対し、四〇〇人以上の志願者数となる年もあった。

施設・センターの設置

二〇二三年現在、東京学芸大学には、四つの機構（大学教育研究基盤センター機構、現職教員支援センター機構、先端教育人材育成推進機構、教育インキュベーション推進機構）と二つの施設（放射性同位元素総合実験施設、有害廃棄物処理施設）および附属図書館が附設されており、各機構には複数の教育研究機関としてのセンター等が組織化されている。

一九六〇～八〇年代にかけて、教育・研究機関としてのセンターや施設が、教育学部附属施設・センター、大学附置省令施設、学内施設として設置された。その一部は現在のセンター等に連なるものである。施設・センター等の設置状況については、次ページに**図V-4**「施設・センター変遷一覧」を挙げたが、ここでは一九六〇年代から八〇年代に設置されたものについて、いくつか特徴的なものを紹介する。

附属言語指導研究施設・附属特殊教育研究施設

東京学芸大学のセンター・施設の中で、最も早く設置されたのは、「附属言語指導研究施設」（一九六三年設置、教育学部附属省令施設）である。これは、一九六三年一〇月に聴覚と言語に障がいのある児童

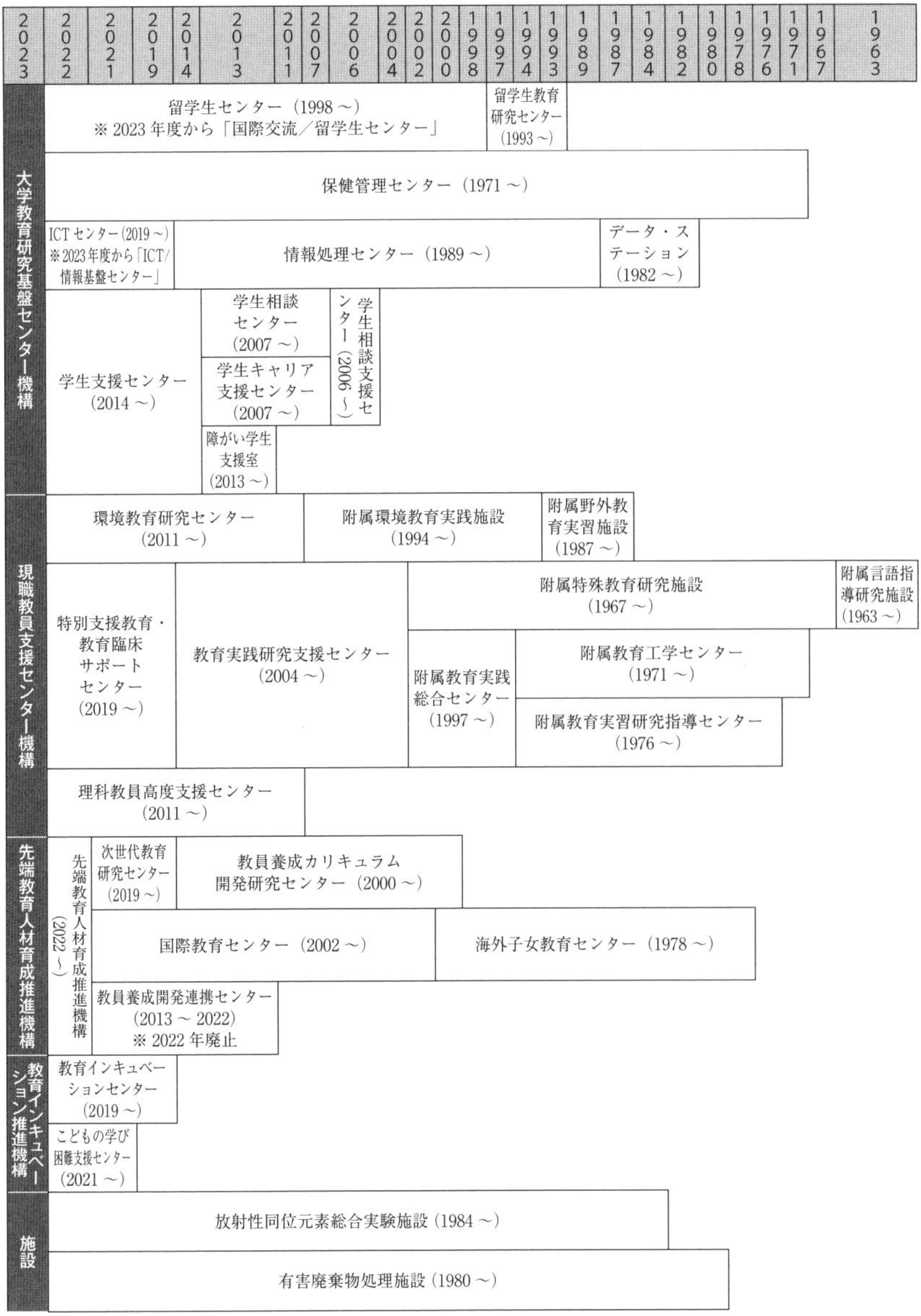

図Ⅴ-4　施設・センター変遷一覧

注：現在につながる主な施設・センターのみを示す。

の治療教育の理論・方法論の基礎研究のために設置され、研究部門の拡張に伴い一九六七年に特殊教育研究施設と改称した。本学では、一九五三年に二年課程の聾学校教員養成課程（一九五五年廃止）、一九六〇年に特殊教育教員養成課程、臨時養護学校教員養成課程、（一九七三年廃止）、一九六九年に臨時肢体不自由児教育教員養成課程（一九七三年廃止）、一九七三年に臨時情緒障害児教育教員養成課程（一九八三年廃止）が設置され、同年には特殊教育特別専攻科、翌一九七四年には大学院修士課程に障害児教育専攻が設置されたが、この施設の開設も本学における特別支援教育の拡充・展開の中に位置づくものである。二〇〇四年には附属教育実践総合センターと統合して教育実践研究支援センターに、二〇一九年には特別支援教育・教育臨床サポートセンターとなり、現在に至る。

附属野外教育実習施設

附属野外教育実習施設は、「野外における環境教育及びそれに関する基礎分野の教育・研究を行うとともに、学生等の実習・実験の場として利用に供し、環境教育の推進を図ることを目的」として、一九八七年に設置された施設である。もともと前身校の各師範学校はそれぞれ農場を有していたが、東京学芸大学に統合されるにあたり、その管理を職業科の農学講座が担うこととなり、その土地の特質を生かした運営（例えば第一師範学校農場では水田、第三師範学校農場では畑など）が行われていた。各分校の統合に伴い、各地にあった農場は順次整理・廃止され、一九五四年に小金井キャンパス内に小金井農場が設置され、一九八七年にこれを改組し、附属野外教育実習施設となった。『東京学芸大学五十年史』

（一九九九）によると、この施設が設置された背景には、臨時教育審議会答申における子どもの自然学習体験の重要性の指摘と国際的な地球環境問題への意識の高まりがあったとしている。

附属野外教育実習施設は、一九九四年に事業内容を拡大して環境教育実践施設となり、二〇一一年には環境教育研究センターと改称し、現在も環境教育の内容・方法などに関する研究・普及を目的に、学内での教育研究のみならず、地域や学校と連携して環境教育に関するプロジェクトなどを行っている。

5 共通一次試験の導入と多様化する学生生活

共通一次試験の導入と学生意識の変化

イラン革命に端を発した第二次オイルショックに見舞われ、経済的な混乱状況にあった一九七九（昭和五四）年、大学入試改革の一環として国公立大学に共通第一次学力試験（以下、共通一次）が導入、実施された。現在の大学入試共通テストの前身にあたるこの試験は、国公立大学の入学志願者に対し、高等学校の段階における基礎的な学習の達成程度を問う良質な問題を確保し、各大学がそれぞれの大

写真Ⅴ-4 『学生の生活意識調査　昭和55年度』

学、学部で行う第二次試験との組合せによって、一発勝負の学力試験に偏った従来の方法を改め、丁寧な入試の実現をめざすものであった。

しかし、受験生にとって大きかったのは、五教科七科目という重い負担と不慣れなマークシートでの解答という点だけでなく、それまで三〇年間続いてきた国立大学のⅠ期・Ⅱ期の期別入試が廃止され、二回あった受験機会が一回になったことであった。賛否両論さまざまな意見が飛び交うなか、Ⅱ期入試に属し、いわゆる「二期校」として位置づけられていた東京学芸大学では、共通一次が導入され、国公立大学の受験が一校に制限され入学してきた学生の意識や教職観などにどのような変化が生じるのかという点に関心が寄せられていた。学生部が行った一九八〇年度の『学生の生活意識調査』（**写真Ⅴ-4**）で学生部長・小林文人は、仮説と断ったうえで、本学には「でもしか教師」的な学生よりも、かなり明確な目的志向を持って教職を志す学生が増えたのではないか、共通一次はそのような効果を東京学芸大学にもたらしたのではないかと指摘している。共通一次の導入で「二期校」意識が消え、学生がより主体的な国公立大学の受験校選択を行ったことで、明確な教員志望をもつ学生を増やしたのではないかという見解である。『新入学生に関する調査　昭和五四年度』では、本学を第一志望で入学した学生の職業志望順位の第一位は「教育者」であり、回答者九七七人の八〇・二％を占めている。これは同じ調査の昭和五一年度データの四七・九％に比べて大幅な伸びとなっており、小林学生部長の見解を裏付ける結果となっている。

教員就職難と学生への影響

しかし、この時期、私立大学が小学校教員養成に積極的に乗りだしたことなどを背景に、本学卒業生の教員就職率は厳しさを増していく。一九七八年一二月に発行された大学広報誌『東学大キャンパス通信』第六三号は、本学学生の東京都教員採用試験合格者数の激減を伝えている。一九八〇年四月のデータを見ると、都採用試験（小学校全科）本学合格者四二一名のうち一二〇名が結果的に不採用になっている。同誌は、教員養成大学として全国一の規模を誇る本学にとって、まさに「大学始まって以来の危機」であると報じているが、入学生の意識と矛盾する教員就職の深刻な事態に直面することになった。

一九八〇年一月に発行された『東学大キャンパス通信』第七一号では、東京都公立学校で一九八四年には十万人以上の児童が減り、それに伴い教員採用数も減少すると推測している。この状況に呼応して東京都が一九八二年度教員採用試験から導入したのが、合格者を成績順に事実上の内定を意味する「A合格」と欠員補充者を意味する「B合格」に分ける制度である。この制度の導入には、教員の採用確定時期が遅いことで成績上位の合格者が、私学や民間企業に流れる事態に歯止めをかける意図があった。

しかし、東京都の公立学校で教員として働く夢をもって試験を受験した本学学生にとっては、たとえ「合格」を勝ち取っても、「B合格」であれば三月末まで採用されるかどうかがわからない不安な状況が続くことになる。大学側もこの状況を問題視し、本学の創立理念である「有為の教育者」を輩出するという目標に基づき、教員だけではなく、社会教育主事や図書館司書、博物館学芸員などの社会教育専門職、教育関連公務員や企業などへの本学卒業生の進出を志向していった。これらの動きは、その後設置される教養系や、現在の教育支援系につながる契機になった。

出身地域の多様化と女子学生の減少傾向

共通一次が本学にもたらした影響は他にもある。その一つが、新入生の出身地域がさらに多様化し、以前にも増して全国各地から学生が入学するようになったことである。

『新入学生に関する調査　昭和六一年度』から全学生の出身地域を見ると、一九七七年度のトップは東京地区の五一・四％であるものの、翌年には減少に転じ、共通一次が導入された一九七九年度の東京地区出身者は五割を切る四六・七％となった。その後一九八〇年度は四三・六％、一九八一年度も四二・三％と減り続け、一九八三年度には三六・〇％と四割を切る状況になっている。

一九八三年のデータでは東京を除く関東地区が二五・三％で、以下、中部地区が一三・五％、関西・近畿・中国地区が七・四％と続き、沖縄を含む全国各地から学生が入学している。

共通一次については「大学の序列化を不当に招いている」、「受験地獄を悪化させている」という厳しい批判も多かった。しかし、国公立大学の受験先を一本化せざるをえなくなった高校生たちにとっては、より志望動機や目的意識を明確化するよう求められるようになったことも事実である。先の小林文人学生部長の指摘や全国から多くの学生が集まる全国型教員養成大学への明確な変化が生じたのもこの点と無縁ではない。

本学の受験動機については、首都東京に立地する伝統ある教員養成大学であるという点、単科大学であるにもかかわらず一二〇〇名を超える入学定員を誇り、多様な選修・専攻と取得可能な教員免許状を多く有しているという点、私大に比べ学費負担がかなり軽い（一九七九年度新入生授業料は半期七万四千円）点などが要因として考えられる。しかし、全国の高校生たちから受験先として選択されていたのは、教育界から本学が教員養成大学のトップ校として評価されてきたことも要因であろう。全国各地の教育現場で活躍する卒業生たちがその評価を築き上げてきたのである。

　この時期に明確になってきた現象の一つに、女子入学生比率の低下がある。**図V-2**は『新入学生に関する調査　昭和六一年度』に掲載されている女子入学生比率に関するグラフである。このようなデータがあることから、大学がこの点にかなり関心を寄せていたことを窺い知ることができるが、グラフにあるように、女子学生入学者は共通一次導入二年目の一九八〇年に五割を切り、四五・三％になっている。その後、五〇％前後を推移するが、一九八六年には四七・九％になっている。この年の傾向を見ると、A類・B類・D類を通じ

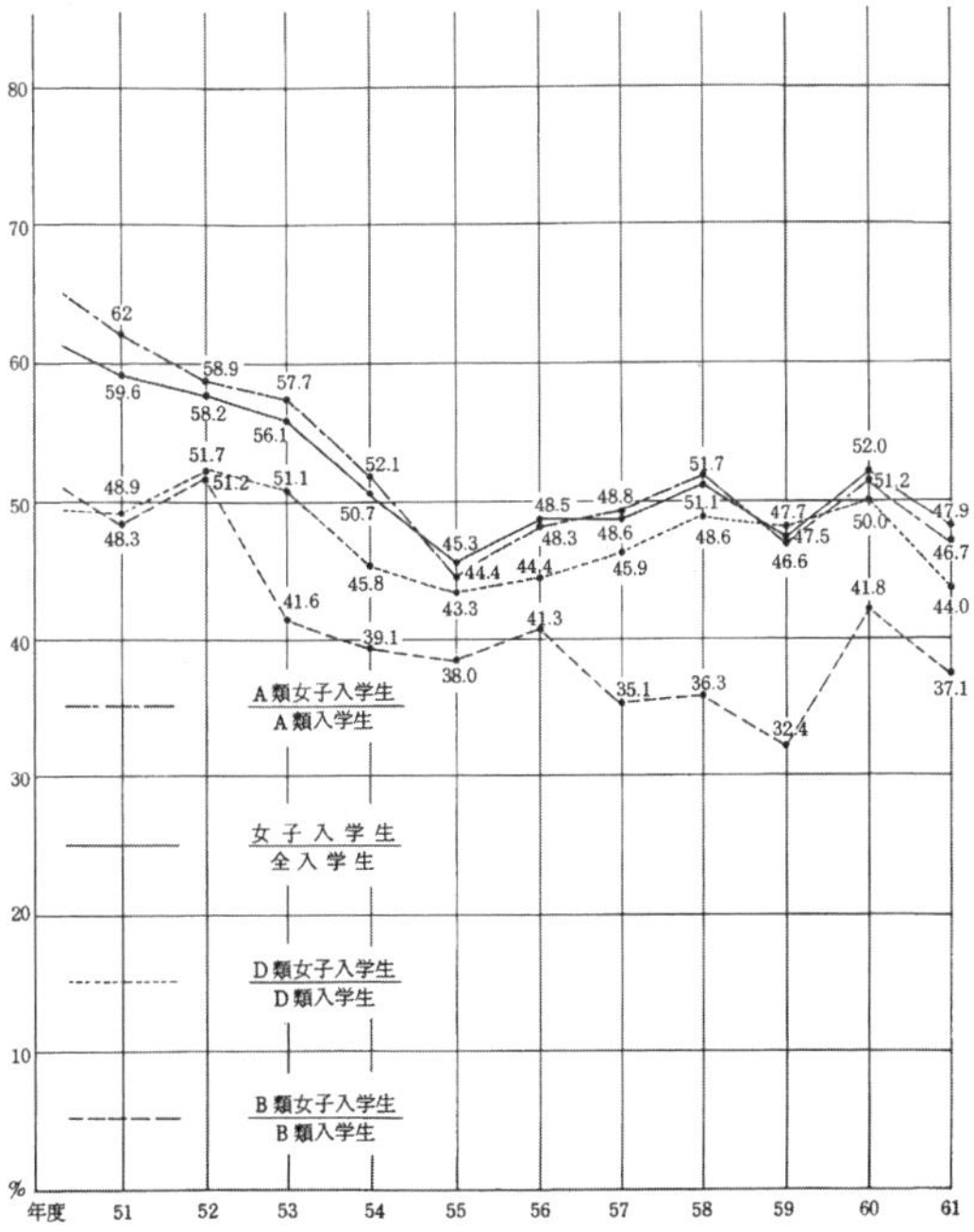

図V-2　女子学生入学者年度別推移
（『新入学生に関する調査　昭和61年度』より転載）

社会・数学・理科・保健体育では男性が多く、A類国語、A・B類音楽、A・B類美術・家庭、A類学校教育、C類特殊教育、D類書道では女性の新入生が多い。特にE類幼稚園は、入学者全員が女性であった。女子入学生が一九七六年度の六二%から一〇年後の一九八六年度に四六・七%まで減少していることを考えると、この時期の男女比率の変化には興味深いものがある。

多様化する学生の志向性

一九八四年度の『学生の生活意識調査—昭和五五年度入学者の四年間』は、教育問題が社会的に注目される中で教員の資質向上が叫ばれながらも、教員就職が極めて厳しいという状況下で刊行された調査報告書である。さまざまな志を抱いて本学に入学してきた学生がどのような学生生活を送っていったのか、教育実習をどのように受け止め、教職観や教員志望が形成されたのか、社会に対してどのような展望や希望を抱いているのかという問題関心をもって四年生一〇五名に対して教員が面接調査を行っている。

編集責任者であった学生部長・竹内誠は、調査の結果、教員への強い志向性をもつ真面目で勉強熱心な教育学部生といったステレオタイプには収まりきらない、多様な本学学生の姿が浮き彫りになったと指摘し、報告書では一〇に分類される「学芸大生のタイプ」を挙げている。

①一貫性があり、強い教職志望をもつタイプ、②子ども理解を深めながら教職を強く志向していく学生、③サークル活動中心から専攻する学科の勉強へ向かうタイプ、④専門志向から教職志向へ向かうタ

イプ、⑤自分の好きな活動や趣味・読書などをやりきる「生きがい追求型」のタイプ、⑥専門分野を学びたくて他大学を受験したかったが親に反対されやむなく受験し入学したため、教員志向がほとんどない「非教職一貫型」のタイプ、⑦いったんは教職を目標にしていたが、勉強を進め、教育実習などを経験する中で自分が教職に不向きであると考え、教員就職に消極的になり教職を回避していくタイプ、⑧共通一次の結果のみで入学せざるをえなかったことで消極的な学生生活を送るタイプ、⑨勉強よりもサークル・交友を中心とするタイプ、⑩学業以外でやりたいと思ったことをやるマルチ経験タイプの一〇のタイプである。調査報告書では、①に分類される学生がこれまでの学芸大を支えてきたタイプの学生であるものの、意外なことに少数であったと指摘している。

もちろん、青年期にあって個性豊かな学生の意見には多種多様なものがあり、家庭や友人など周囲の環境の影響を色濃く受けている。しかし、それらは、単科大学とは思えない専門領域の多様さや盛んな自主ゼミ、(注)部活動やサークル活動、学生寮生活やアルバイトなど、大学生になって初めて経験するさまざまな活動に裏づけられているように思える。大学での学びや教育実習、サークル活動などでの交友関係を通して得られた喜びもあるだろう。時には挫折もあるだろう。しかしながら、報告書に掲載された学生の声に耳を傾けてみると、多様化してはいるが、教育や教職を軸に自らが進む道を見つけようと悩み、学び、考えを深めていく学生の姿が垣間見える。

（注）自主ゼミとは、正規科目以外に学生が自主的に教員とともに運営する本学特有のゼミ。

留学生の増加と大学の国際化

小金井キャンパスで学ぶ留学生の姿。今ではごく一般的な光景であるが、本学が外国人留学生を初めて受け入れたのが一九七一年、ようやく一〇人を超えたのが一九八一年のことであった。国の支援もあり、一九八〇年代から九〇年代にかけて本学は国際化していき、一九八七年には一三六人の留学生を受け入れている。現在では、アジアを中心に二〇か国以上の国や地域から多数の留学生が本学で学んでいる。増加し続ける留学生に対して、一九八六年に学生課に留学生係が設置され、一九九三年には小金井キャンパス東門付近に国際交流会館（留学生用宿舎）が整備された。同年、「留学生教育研究センター」も設立され、留学生が三〇〇人を超えた一九九八年には、学内措置で設置されていた同センターは、省令施設としての「留学生センター」に格上げされ、二〇一九年には設立二〇周年を迎えた（**写真V-5**）。留学生係も留学生課へと改組され、組織や施設の面でも留学生を支える体制が整備された。このように一九八〇年代から九〇年代は、国の「留学生一〇万人計画」推進を背景に本学のキャンパス風景が国際色豊かになっていく時期であった。キャンパス内では留学生との交流も盛んに行われ、一般学生と留学生とがともに学ぶ「多文化共修科目」などカリキュラム上の工夫もなされたが、それを支える事務職や教員たちの苦労も大きかった。ともするとドメスティックになりがちともいわれてい

写真V-5 『留学生センター20年の歩み』（2019年）

た教員養成大学であるが、留学生の増加を見るこの時期を境に、グローバル化の影響による学校現場の国際的多様化、留学生教育をめぐるさまざまな課題等もあり、本学の教育活動そのものの国際化も進展した。

現在、教員養成大学として国内有数の交流協定大学数をもつ本学であるが、一般学生の海外大学への留学が増え始めたのもこの時期である。

小金井祭に見る一九八〇年のキャンパス風景

写真Ⅴ-6は一九八〇年一一月に行われた第二八回小金井祭のパンフレットである。当時は一一月下旬に開催されていたが、現在のように文化の日を中心に開催されるようになったのは一九九二年からである。学生組織である小金井祭実行委員会は、「ルネッサンス'80　新たなる歴史の扉をたたけ」というテーマを掲げ、「若者文化の復興」「現在の教育に対して、自ら未来を切り拓いてゆく意欲を持って対していく」「私たち自身の歴史は私達自身で創りあげていく」というスローガンを掲げていた。他大学同様、模擬店を中心に運営されていることが学内でかなり問題視されていたこともこれらの背景にあろう。

パンフレットを見ると、サークルや自主ゼミ、研究室主

写真Ⅴ-6　第28回小金井祭パンフレット（1980年）

催の研究発表会や演奏会、催し物などがたくさん企画され、内容面でのクオリティを変えていこう、高めていこうとする学生側の苦心も伝わってくる。また、この時期の大学祭らしく、政治的な主張を込めた平和・教育に関する取り組みも見られる。

本部企画「教員養成のゆくえを探る─今、開放制の原則を問う」や、歴史学者・羽仁五郎による戦後教員養成制度に関する講演会など、本学のメインミッションである教員養成の根本思想やそれを支える教育内容、教育実習などを問い直そうとする本学学生ならではの意欲的な内容も少なくなかった。

その他、著名な研究者や評論家を招いての「非行問題」「文化人の戦争責任」「障害を持つ子どもの教育」「養護学校の本質」「結婚」「地域と大学」などをテーマとする講演会、教育系・文科系サークルによる展示会や研究発表会なども数多く開催されている。また、シンガーソングライターや田久保裕一（本学ＯＢ）など著名な指揮者を招いてのコンサート、軽音楽部などハイレベルな音楽系サークルによる演奏会、演劇、ファイアー・ダンスパーティなども開催され、美術・書道科学生による作品展覧会にも多くの観客が来場した。本学の特色でもある活発な自主ゼミ活動や研究室における研究活動、多様なサークル活動、何よりも学生の熱意が、従来型の模擬店中心の小金井祭のあり方を少しずつ変えつつあった。

小金井祭は、小金井市長や地域住民からも大きな期待が寄せられる地域密着型ともいうべき大学祭である。市内パレードも行われ、小金井市民にとっても大きな楽しみになっていた。

しかし、何と言っても、小金井祭最大の特色は地域や附属学校園の子どもたちが多数来場するという点にある。附属学校や協力校に教育実習に行った学生が担当した子どもたちが多数来場し、ともに楽しむ姿が見られるのは本学ならではのものであった。鉄道研究部の鉄道模型ジオラマ展示、「絵本サークルきつねのしっぽ」、子どもと遊ぶサークル「麦の子」の展示には連日多くの子どもたちが来場し、学生との交流を深めた。

　小金井祭名物であった「子どもの広場」が資料のうえで最初に確認されるのは一九七二年に開催された第二〇回小金井祭からである。この年も本部企画として教育系サークル「麦の子」や「セツルメント」などが協力して創る「子どもの広場」が開催されている（**写真Ⅴ-7**）。

写真Ⅴ-７　第28回小金井祭パンフレットに掲載された「子どもの広場」の案内

　案内には、「これは、わが大学の特色を生かした本部企画の一つです。子どもが、一日楽しく遊べる広場をめざすとともに、学生や大人のみなさんに、子どもと一緒に遊ぶことによって、子どもについて考えを深めるきっかけになったらと思います」と書かれている。それは、子どもたちとの遊び場づくりを通して教育の本質を学ぼうとする学生たちが創るキャンパス風景であった。

盛んなサークル活動と運動部の活躍

　本学のサークル活動は多種多様であることで知られている。一九八〇年代の小金井キャンパスには、現在の環境教育研究センター付近から東に向けて延びる旧陸軍技術研究所時代の古びた木造の建物があった。通称「サークル長屋」と言われたこの建物には、サークル活動のための部室、学生自治会などの部屋がびっしり連なり、学生たちの居場所になっていた。この「サークル長屋」が、現在のサークル棟（課外活動共用施設）の前身である。先に紹介したサークルの他にも、東京学芸大学新聞会、多摩地域に足跡を残す研究活動を展開した「考古学研究部」や「民俗学研究会」、教育関係では「へき地教育研究会」や子ども向けの人形劇サークル「麦笛」、児童文学サークル「あかべこ」などが独自性あふれる活動を展開していた。音楽系サークルでは、一九八六年に日本を代表するポップ・インストゥルメンタル・バンドTHE SQUARE（現T-SQUARE）にベーシストとして加入する須藤満が軽音楽部から出ている。

この時期の体育系サークルでは、一九八四年に陸上競技部が「箱根駅伝」に出場する活躍をみせるが、特筆すべきは硬式野球部から本学初のプロ野球選手が出たことであろう。一九八四年にA類保健体育選修を卒業した栗山英樹（元、野球日本代表WBC優勝監督）は、ヤクルトスワローズに入団、その後レギュラー選手となり好守好打の大活躍を見せ、引退後はスポーツキャスターを経て北海道日本ハムファイターズの監督としてチームを日本一に導くなど、国立大学初のプロ野球球団監督として輝かしい実績を残した。小金井キャンパスの野球場には彼の功績を称える顕彰碑が建てられている。

6 一九八〇年代から九〇年代の附属学校園と教育研究活動

課題に直面する附属学校園

ここでは、一九八〇年代前後から九〇年代前半にかけての附属学校園の動向について、教育研究活動を中心に見ていくこととする。この時期の教育界に大きな影響を与えたのが中曽根康弘首相主導のもとに一九八四（昭和五九）年に設置された臨時教育審議会（臨教審）である。臨教審は、生涯教育の考え方を含む教育体系の総合的再編成や教育の国際化を主張し、教員養成や免許制度、現職教員研修の改善なども提言するなど、その内容は附属学校園にも影響を与えた。また、この時期は、教員就職難や教養系設置の影響もあり、教職が第一志望ではない教育実習生の対応にも附属学校園は苦労を重ねていた。

東京学芸大学附属養護学校（現在の附属特別支援学校）教諭の沼崎徹は、創立四〇周年を記念して刊行された『若竹四十年』（一九九四）に「本校の存在意義、今後のあり方等」という論考を寄せている。その中で沼崎は、「今、附属学校の意義が問われている。附属学校は本来、大学の教育研究に資し、日本の教育の向上を図るために設置されたものであるが、大学との共同研究、連携が希薄となり、附属としての役割を果たさなくなってきていることが、大きな理由と思われる」と危機感をあらわに述べている。附属学校は教育政策の大転換の中で存在意義を問われる変革期にあった。しかしこれは附属学校側だけの課題ではない。大学教員の附属学校、教育実習への関心の薄さや、学生指導のあり方など、大学側の課題も少なくなかった。

附属高等学校と国際化時代への対応

この時期には附属国際中等教育学校（二〇〇七年創立）はまだ設立されていない。しかし、その母体となる東京学芸大学教育学部附属高等学校大泉校舎（一九七四年創立）が、高等学校段階の「帰国子女教育」の実験校として国内における先駆的な役割を果たしていた。

附属高等学校は、一九五四年、中学校と高等学校との接続教育を実践的に研究する学校として世田谷区に設立された。当初より固定観念にとらわれず受験本位の指導を行わない「自由な校風」とともに国内有数の進学校としてもよく知られていたが、附属高校の特色はそれだけではない。現在も重視されている「探求的な学び」を重んじる教育を率先して実践し、教科以外の多種多彩な学校行事・課外活動を展開していることも大きな特色であった。

また、教育実習を通して高校教員をめざす学部学生教育の他、高校における教育内容・方法の改善に関する実践研究を行い、大泉校舎の設立に続き、一九七六年からは「帰国子女」の受け入れなど国際化時代に対応した教育を率先して行っていた。

附属中学校の教育研究活動

この時期の附属中学校は、世田谷、小金井、大泉、竹早の四校があった。附属大泉中学校は、その後、二〇〇七年に附属高等学校大泉校舎と統合され、附属国際中等教育学校として再編されている。各校、それぞれの伝統と独自性を活かし、中学校段階における多彩な教育研究活動が行われていた。ここでは、その一部を紹介しておこう。なお、現在の教育制度に基づく附属中学校は、四校いずれも一九四七年に設立されている。

東京第一師範学校男子部附属中学校として発足した附属世田谷中学校の特徴をよく表すものに二年生・三年生を対象に行われた「選択学習」がある。「ことば探求」や「多摩川流域の人と自然」など当時としてはユニークなテーマが設定され、生徒たちの自主的な活動を重んじる教育が展開されていた。

東京第二師範学校男子部附属中学校として発足した附属小金井中学校の特徴は、大学のキャンパス内に位置するという特色を生かした研究活動にある。特に一九八三年から一九八九年に実施された「教育実地研究生指導のカリキュラムとその実践」は、教育実習における教科指導の望ましいあり方を、実践を通して多面的に追究する総合的研究として注目された。

東京第三師範学校附属中学校として発足した附属大泉中学校の特徴は海外帰国子女教育であった。一九九三年には「帰国子女と一般生との相互交流をめざす教育方法の研究—帰国生の発言力を生かすディベートの実践」をテーマに研究協議会が開催され、多方面から大きな注目を浴びた。

一九四七年に東京第一師範学校女子部附属中学校として発足した附属竹早中学校は、課題遂行能力をもった生徒を育成することを目標に設定される「卒業研究」が大きな特色となっている。生徒一人ひとりが自由にテーマを設定し、レポートを完成させるこの活動は、生徒の自主的な学習活動を伸ばす教育として注目を集めた。

附属養護学校の教育研究活動

附属養護学校（現在の附属特別支援学校）は、一九五三年に、附属竹早中学校長であった川口廷の尽力で同校に開設された「若竹学級」がその始原である。一九六〇年、国内初の養護学校教員養成課程が東京学芸大学と広島大学に設置されるに伴い、小学部と中学部で構成されていた特殊学級は養護学校に昇格した。その二年後には高等部設置が認められ、クラス数が増えていく中で、一九六六年に東久留米市に移転し、現在に至っている。

附属養護学校は、障害をもつ子どもたちに対する教育活動と研究活動で国内の養護学校のモデルとしての先駆的役割を果たしていた。一九八六年には「養護学校における生涯教育をふまえた後期中等教育の調査と実践的研究」が行われた。生涯学習時代の到来が叫ばれた時期に行われたこの研究は、養護学校卒業生の進路状況やアフターケア体制に関する調査研究、卒業生に対する再教育プログラムや社会参加のための指導プログラムの開発などが主な内容であった。一九八九年には「個に応じた指導と日々の教育実践はいかにあるべきか」をテーマに研究が行われ注目を集めた。

附属小学校の教育研究活動

この時期の附属小学校は、世田谷、小金井、大泉、竹早の四校があった。一八七六年に始原をもつ附属世田谷小学校は、一九四九年に東京学芸大学発足に伴い東京学芸大学東京第一師範学校世田谷附属小学校となり、一九五一年に東京学芸大学附属世田谷小学校に改称された。世田谷小学校は、研究実験校として時代に則した先進的な教育研究活動を展開してきた。一九八〇年から二年間は「人間性豊かな子どもを育てる教育課程の創造」の研究、一九八七年には文部省委託研究「学校・家庭・地域の連携に関する研究」が行われ、大きな成果をあげている。

一九五九年に複雑な経緯を経て開校した附属小金井小学校の教育研究活動は、大学キャンパス内に位置するという特色を生かした教育実地研究生指導に関する研究をはじめ、実験・実証研究校として先進的な研究活動を展開してきた。一九八三年から三年間には「自ら学ぶ力が育つ学習」の研究が行われ、生涯学習時代を生きるための基礎基本となる力を身につけるための学習指導法に関する研究が進められた。

附属大泉小学校は、一九三八年に設立された東京府大泉師範学校附属小学校に始原をもち、一九五一年に現在の校名に改称された。同校の教育研究活動の特徴はカリキュラム研究にあり、一九八六年から行われた「自己学習能力の育成」の研究成果を土台に生涯学習時代における新しい学習観と豊かな学力を育成する場としての総合学習の展開を図っている。

附属竹早小学校は一九〇〇年に開校した東京府女子師範学校附属小学校が前身で、一九四九年に東京学芸大学東京第一師範学校女子部竹早附属小学校となり、一九五一年に東京学芸大学附属竹早小学校に改称された。附属竹早小学校の特徴は、幼小中連携を軸に、自らの意思で学習を持続させる子どもを育てる教育、自己教育力の育成を図る教育の研究・開発という点にあり、注目を集めた。

附属幼稚園における統合保育の開始

附属幼稚園は、現在、小金井園舎と竹早園舎の二つの園舎で構成されている。その歴史は古く、一九〇四年に開園した東京府女子師範学校附属幼稚園がその始原である。一九四九年に東京学芸大学東京第一師範学校女子部附属幼稚園となり、一九五一年に東京学芸大学附属幼稚園と改称、大学の小金井統合に伴い、一九五七年に竹早地区から園児三〇名分の定員が小金井に移され二園舎体制となった。当初は小学校内に間借りをする形であったが、一九七二年に現在の場所に小金井園舎が新築された。一九七〇年からは三年保育がスタートし、両園舎とも、遊びを通しての学びの創造をめざす幼児教育が行われている。

竹早園舎は竹早地区の特性を活かした幼小中の一貫教育、特に幼小連携の実践的な教育研究に特徴がある。隣接する附属竹早小学校の教育目標・内容と連携を取りながら実践的な保育研究が進められた。

写真Ⅴ-8　全国の幼稚園関係者に大きな影響を与えた『目をそらさないで』(1984年)

特筆すべきは小金井園舎で行われている統合保育実践である。小金井園舎では、一九七八年から東京学芸大学附属特殊教育研究施設と連携し、軽度の障害をもつ幼児の保育を開始した。一九八二年からは軽度の障害児一名を定員として園児募集を開始したが、これは全国に先駆けて行われた幼稚園における統合保育であった。一九八四年に附属幼稚園が刊行した『目をそらさないで』（学習研究社）は、実際の保育実践に基づき、障害をもった子どもたちを担任がどのように指導し、かかわっていったかを詳細に述べたもので、全国の幼稚園関係者に大きな影響を与えた。

コラム

東京学芸大学の入学者数・卒業者数の動態

学部募集人員・志願者数・入学者数の推移

次頁のグラフは、東京学芸大学の学部募集人員数、志願者数、実際の入学者数を示したものである。一九五〇（昭和二五）年に六四〇人だった募集人員は、一九五〇～六〇年代を通じて増え続け、一九七〇年に一二一五人となった。二〇〇〇年になると少子化による一八歳人口の減少などのため募集人員は一〇〇〇人台となり、二〇二二年現在は一〇一〇人である。入学者数は年によって若干の増減はあるが、基本的には募集人員と同様の形で推移している。

一方、志願者数は大学入学者選抜制度の変遷等の影響を受けて推移している。一九七八年まで国立大学の入学試験は一、二期校に分けられており、受験機会は二回だった。しかし一期校に旧帝国大学が集中していることや受験日程の関係から、大学間の格差感が問題となりその弊害を是正するため、一九七九年に共通一次学力試験を導入し、一期校二期校制度は廃止された。そのため一九七九～一九八六年の期間は国立大学の受験機会が一回となった影響からか、学芸大の志願者数も減少している。一九八七年に入学者選抜制度が連続方式（A日程・B日程各一回受験可）になり、受験機会が二回になったことに起因してか、この年の志願者数は前年と比べ激増した。一九八九年からは、分離・分割方式（前期日程・後期日程各一回受験可）となり、現在に至っている。

学部卒業生の進路状況

一九八〇年代後半までは、教職関係の就職者の割合は五〇％以上で、多い年は八〇％近くの卒業生が

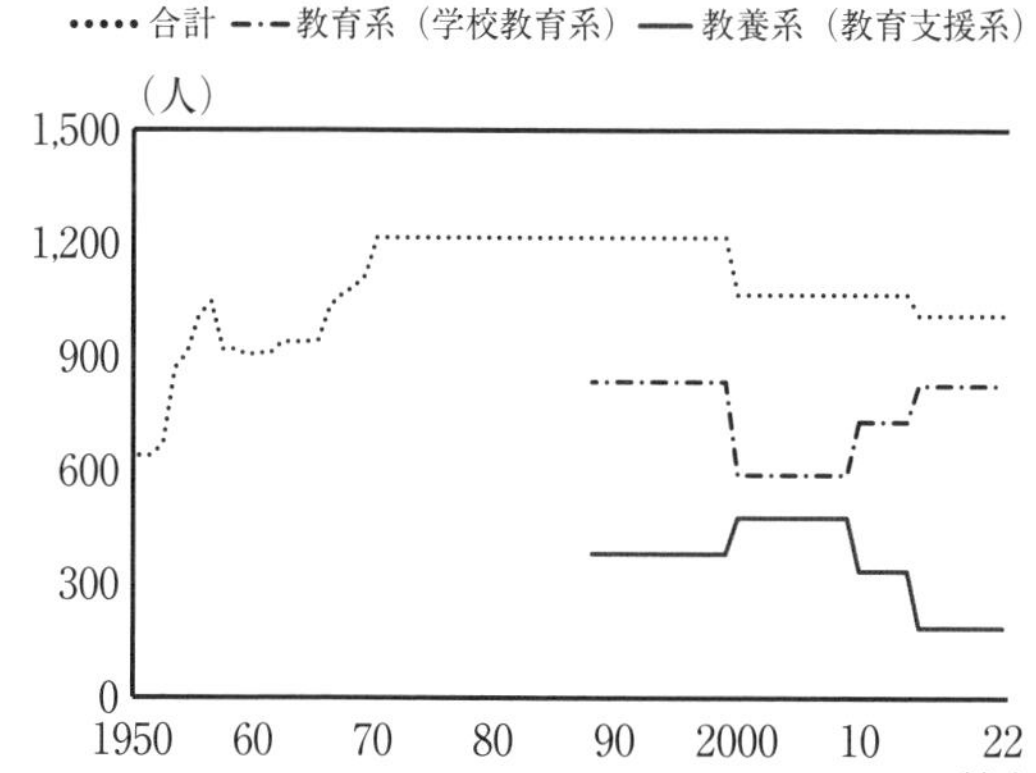

図V-3　学部募集人員の推移

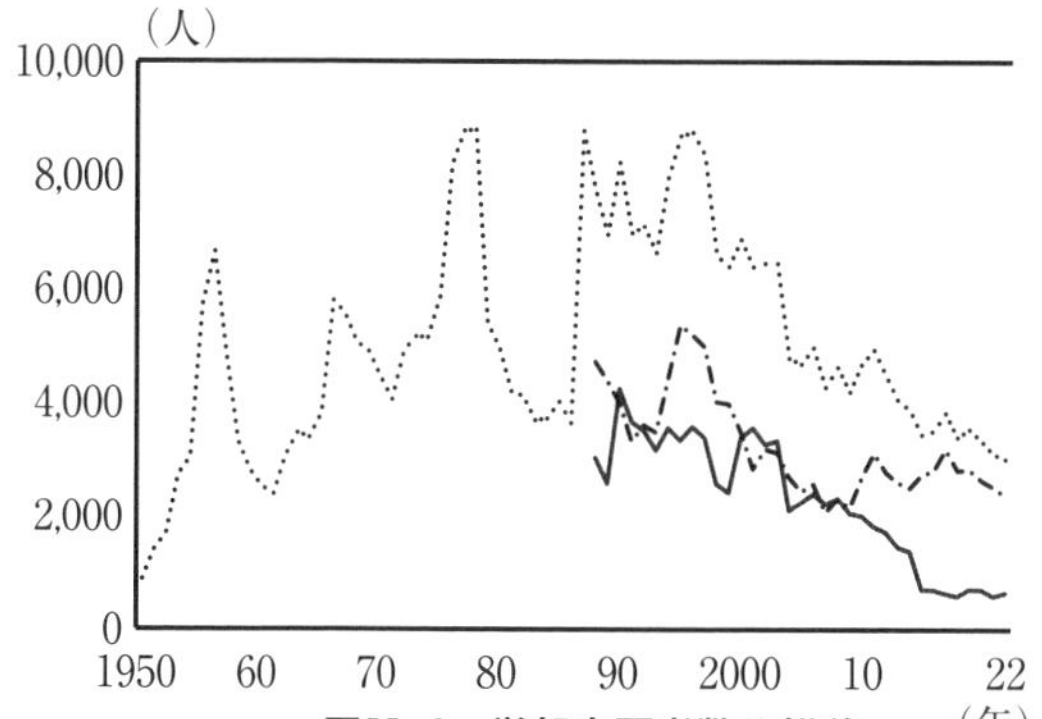

図V-4　学部志願者数の推移

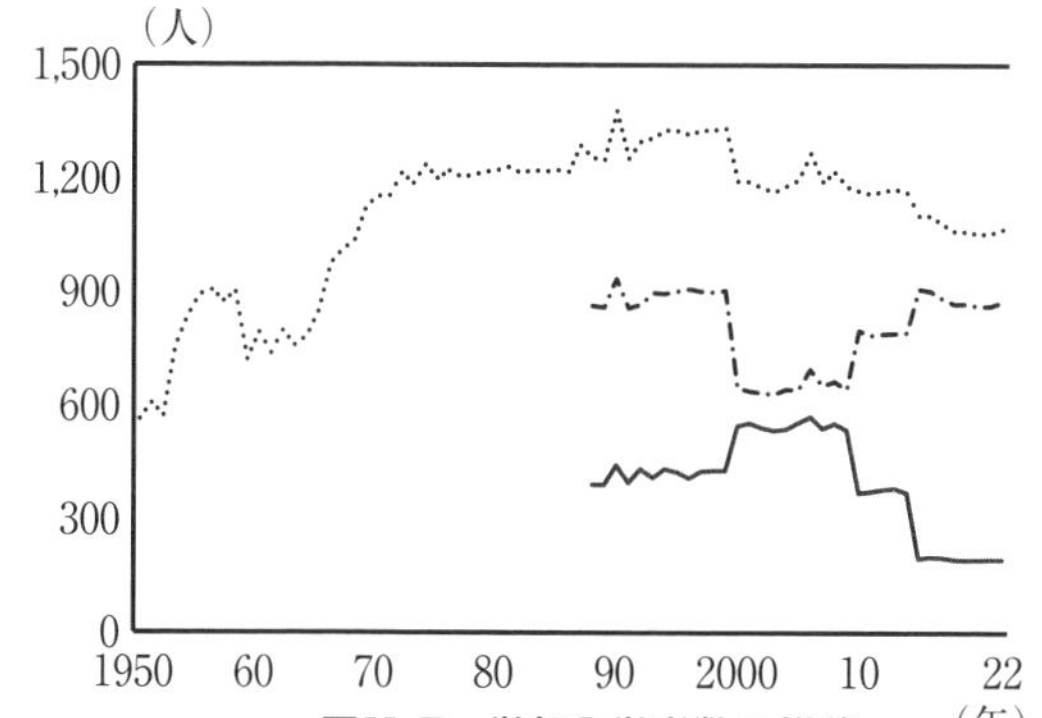

図V-5　学部入学者数の推移

教職に就いた。一九七〇年代後半から教職就職者は徐々に減少していくが、これは一九八〇年代前半に小学校児童数がピークを迎えるという予測のもと、教員需要が抑制されたことと連動していると思われる。実際、一九六八年以降増え続けた児童数は一九八二年度にピークを迎えその後減少を続けた。一九九〇年代になると三〇%程度まで落ち込んだが、近年、教育系（学校教育系）の卒業生の教職就職率は五〇～六〇%台で推移している。一方、教養系（教育支援系）の卒業生は、教養系設置当初から教職以外の一般企業への就職や公務員等の職に就く割合が高かった。

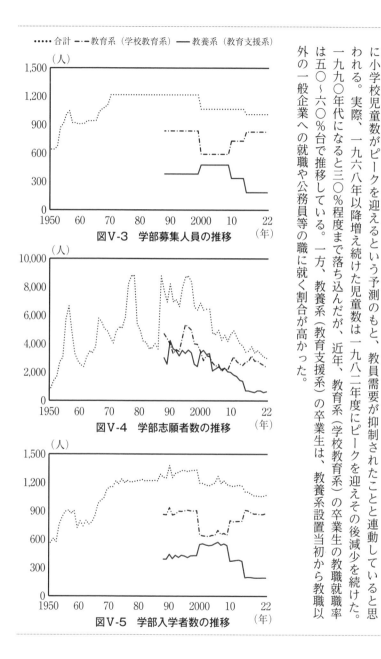

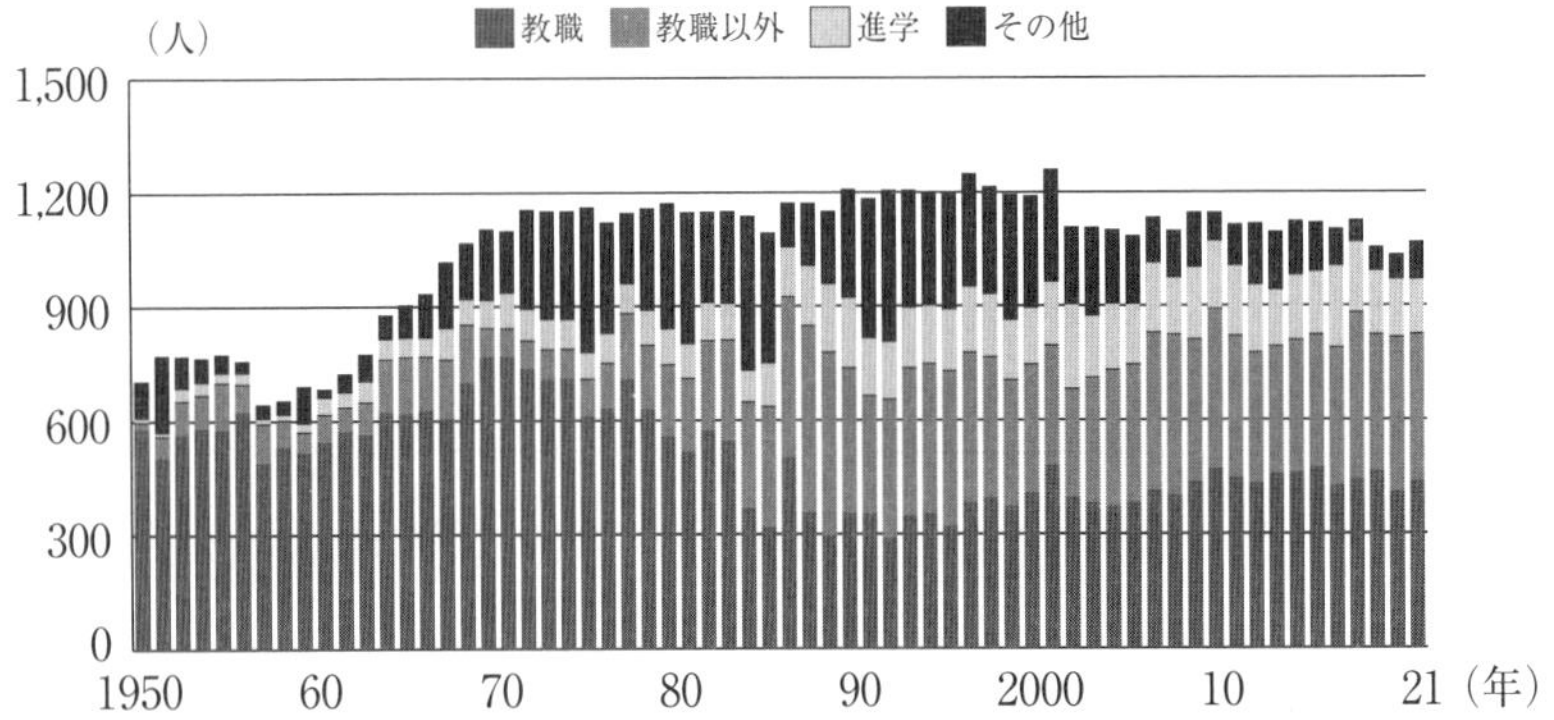

図Ⅴ-6　学部卒業生の進路状況（全体）

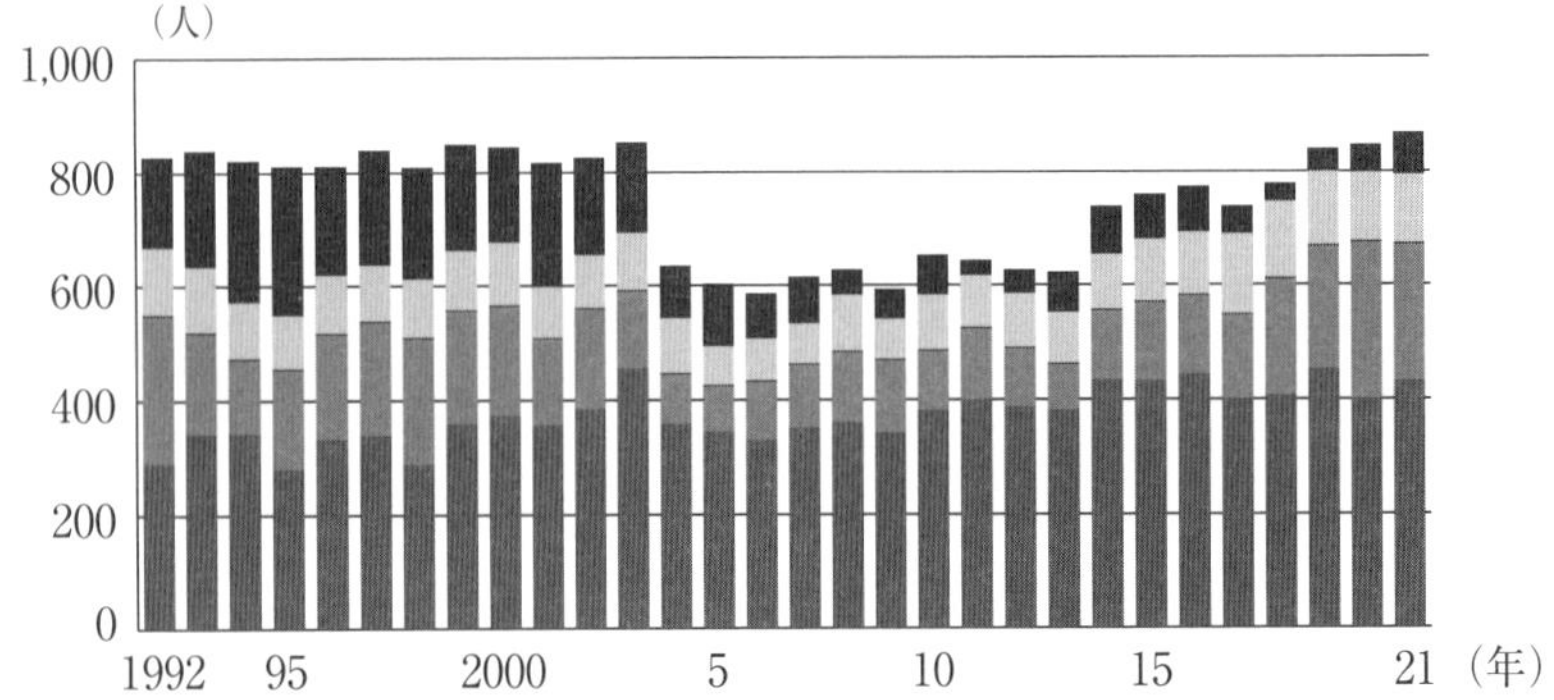

図Ⅴ-7　教育系（学校教育系）の学部卒業生の進路状況

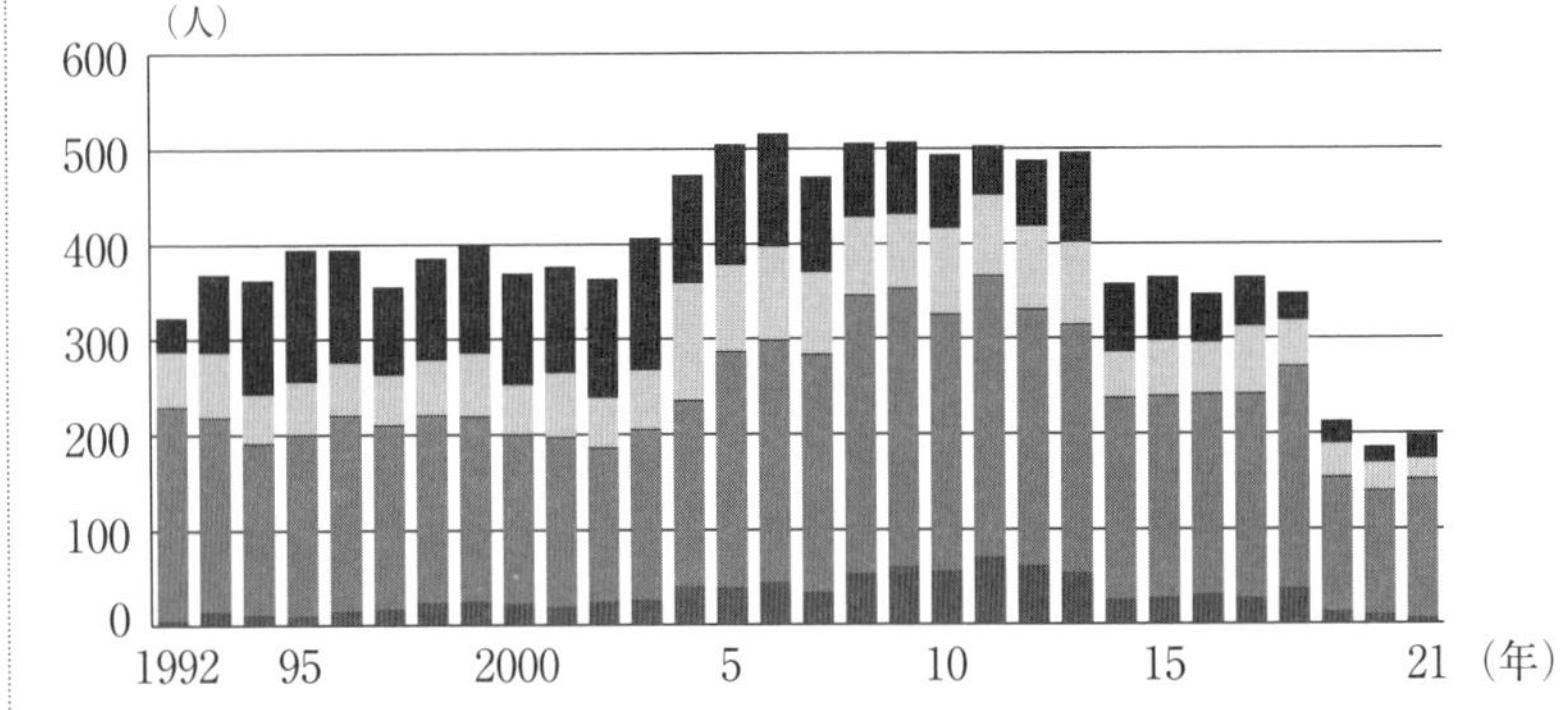

図Ⅴ-8　教養系（教育支援系）の学部卒業生の進路状況

第三部

発展し続ける東京学芸大学

第三部は、国の大学政策・教員養成政策の転換を契機に、大学として新たな可能性を切り拓こうとしてきた本学の歩みを、現在に至るまでたどります。

第三部で扱う一九八〇年代以降、本学の教育体制は、国が大学政策・教員養成政策において次々と新しい方針を打ち出す中で、矢継ぎ早に改革を推し進めてきました。一九八八（昭和六三）年の新課程（教養系）の設置は、その最たるものでした。各章で取り上げる大学がめざしたそれぞれの改革の方向性と、そのもとで学生と教職員がいかに学びの場を創っていこうとしたのかをみていきます。

この間、二〇〇四年には国立大学の法人化が行われ、本学を含め日本の国立大学の有り様は大きく変わりました。しかし教員養成系大学である本学は、国立大学全体の改編に加え、その都度の教員養成政策への対応を求められ、その二重三重の枠組みの中で、新たな教育と研究の可能性を模索してきました。今につながる「近い歴史」を捉え返し、学生と教職員の息吹を感じ取ってほしいと思います。

第三部　はじめに

この第三部で述べられる東京学芸大学の一九八〇年代以降の展開は、同時代的な日本の教育政策を背景とし、その時々の政策動向を見据えつつ本学が模索してきたものである。もちろんその時々の教育政策に本学の教職員や学生がみな賛同してきたわけではなく、多くの矛盾をはらんで打ち出される諸施策に相当の疑問や抵抗を覚えつつも、その中で与えられた外的条件を踏まえて本学なりの教育研究の改善策を誠実に模索してきた、と総括できよう。

一九八八(昭和六三)年の本学における新課程(教養系)の設置は、一九八四年六月に大学設置審議会の大学設置計画分科会が「医師、歯科医師、獣医師、教員及び船舶職員の養成」について「おおむね必要とされる整備が達成されているので、その拡充は予定しない」と打ち出したことを契機としている。教員養成系大学・学部については新増設を行わないことに加え、入学定員の一部を他学部に振り替える、あるいは教員養成系学部の中に教員以外の職業分野へ進出することを想定した課程等(つまりは新課程)を設ける、という形で規模の縮小が求められたが、教育学部のみの単科大学である本学の場合は第一のオプションは採り得ず、教育学部の中に、教育系とは別に新しい課程としてリベラルアーツを旨とする教養系を設置することにしたものである。

こうした経緯で本学の教養系(二〇一五年より教育支援系)が設置されたことは、大きく二つの制約を生んだ。一つは、教員を増やさずに教育学部を分割して新たな教育組織を作ったために、教養系の専攻のラインナップは限定され、当初より「教養学部」として設置した大学（東京大学など）に比べて困難があった一方、従前の教員養成課程（教育系）の各教育組織も小規模化・弱体化せざるをえなかったことである。そしてもう一つは、教養系を教育系とは別立てで設けざるをえなかったため、横断的なカリキュラム編成など相互の連携に難があったことである。前者については退職者の後任を異なる分野で採用するなどの人事計画で対応し、後者についてはその後のカリキュラム改訂で対応してはいるものの、いずれも長く尾を引いている。

日本の人口動態においては、一九九〇年代前半に第二次ベビーブーマーが大学進学を迎えた後は学齢期の児童生徒の急激な減少（それに伴う教員の需要減）が見込まれていた。それゆえ教員養成課程を縮小・削減して他の教育組織に転換するという政策は一定の合理性をもっていた。その縮小・削減の規模を政策サイドが策定する際の根拠として、卒業生の教員就職率が用いられることになる。本学の新課程（教養系）が最大規模（一学年四七五名）となるのは二〇〇〇年度からであるが、これは一九九八年からの三年間で教員養成課程の定員を五〇〇〇人削減するとする政府の方針を受けての対応である。その「五〇〇〇人」という数値は、当時の文部省の担当官によれば「二〇〇四年度の教員の採用見込み」に対して「教員養成課程の卒業生の教員就職率を平均で六〇％」とした試算から導き出されたものだという。

本学（特に学部）のカリキュラム改訂は、その時々の政府の施策に対応しての教育組織の改編に加え、大学設置基準の大綱化（一九九一年度）や教育職員免許法の度重なる改訂（一九八八年・一九九八年・

二〇〇七年など）をも契機として、頻繁に行われている。こうした契機のいくつかは、日本の大学全体に及ぶものでもあるが、特に本学の場合、教員養成課程（教育系）においては教員免許状取得のための科目をすべて必修とする必要があることから、特に教育職員免許法関係の動きがその都度のカリキュラムに広汎に影響する特徴をもっている。

本学教養系設置の契機となった抑制策は、その後二一世紀初頭に規制緩和を旨とする政策の中で見直されることになる。二〇〇五年度からは教員養成分野における抑制策が撤廃され、これ以降に小学校と幼稚園の教員養成を行う私立大学が激増したのである。その前年（二〇〇四年）には国立大学の法人化が行われ、各国立大学はそれまでの国立学校設置法に基づく均質性の高い運営を脱して、公私立も含めた競争的な環境の中での個性が求められるようになった。国立大学の中でも教員養成系は、教員養成において独自性を発揮するばかりでなく、さらには（私立大学とは異なり）教員養成に国費を直接に投入することの説明責任（アカウンタビリティ）を果たすことが要請されるようになったのである。この延長線上に、二〇一三年度から各国立大学の「ミッションの再定義」が（まず医学・工学・教員養成の三分野から）行われ、教員養成系学部には教員採用率の目標設定や新課程の原則廃止などが求められた。

本学の教養系が廃止され、二〇一五年度から新たに教育支援系を立ち上げることになったのはこうした経緯を背景としている。つまり「教育学部」（≠「教養学部」）である以上は教育に関わる人材養成を学部教育の基軸にする姿勢を明確にすることが政策的に要請されたことを受け、リベラルアーツを旨とする「教養系」の看板を下ろし、学校外で「教育支援」を行う専門家を育てる教育組織を再構築することになったのである。

大学院の展開過程についても、ここまで述べてきたような教員養成系大学・学部に対する施策と連動して捉えることができる。たとえば本学の大学院教育学研究科（修士課程）の学生定員は二〇〇二年度に三〇九名となっているが、これは前述の「五〇〇〇人削減」への対応として本学の教員養成課程（教育系）を削減した分を、新課程（教養系）だけでなく大学院教育学研究科の増員で吸収したことによるものである。当然、大学院の側にニーズの拡大があったゆえの拡充ではないため、昼夜開講・サテライト・学部大学院一貫・短期履修・長期履修などのさまざまな取り組みを通してさらなる入学者の開拓に挑戦することになるのである。加えて二一世紀初頭からの高等教育政策において、研究者養成と高度職業人養成を別系統とし、後者を専門職大学院で行う方針が採られるなか、教員養成の専門職大学院＝教職大学院を二〇〇八年度より設置することになる。この教職大学院は、修了者のインセンティブが不充分であるなど制度設計に難があり、本学では当初比較的小規模なもの（学生定員三〇名）として設置したが、前述の「ミッションの再定義」以降に国立教員養成系の大学院は原則として教職大学院に一本化する方針が示され、二〇一九年度から国内最大規模（二一〇名）となった。

附属学校園の展開については、二〇〇一年一一月の「国立の教員養成系大学学部のあり方に関する懇談会」（高等教育局に設置された懇談会）の報告書の中で「同一校種複数校」の見直しが提言されたことの影響が大きい。本学の場合、旧第一師範男子部（世田谷）・同女子部（竹早）・第二師範（小金井）・第三師範（大泉）にそれぞれ附属の小学校・中学校をもっていたが、このことが、附属学校のいわゆる「エリート校化」とも関連してターゲットになったのである。大泉の附属国際中等教育学校の設置（二〇〇七年）や、各附属学校園での独自の教育研究の活性化は、こうした動向を背景にしている。また、附属学校の規模については、「国立教員養成大学・学部、大学院、附属学校の改革に関する有識者会議」の報告書（二〇一七年八月）の中で縮小が打ち出され、本学においても段階的に削減を行っている。

ただし幸いなことに本学は東京に位置しており、日本の教員養成系大学の中で最古の伝統をもっているなどのことから、国内外の連携や発信を行ううえでのリーダー格と目されることがこうした展開を行ううえでの好条件となっている。海外協定校や留学生の多さもその現れであるし、前述の国際中等教育学校は日本国内でのＩＢ教育の嚆矢ともいえる取り組みで注目されつつある。研究面においても、旧国立学校設置法下での全国共同利用施設を二件（国際教育センター・教員養成カリキュラム開発研究センター）有するなど、日本における教育研究の中核的な存在としての基盤も作られている。こうした研究的リソースは二〇二二年度からの「教員養成フラッグシップ大学」指定に伴って先端教育人材育成推進機構へと発展的に受け継がれており、今後の展開が期待されるところでもある。

Ⅵ　教養系の設置と東京学芸大学

1　教員養成政策の転換と教養系の設置

一九八〇年代半ば以降の東京学芸大学をめぐる教育政策上の重要な出来事は、岩田康之によれば二つあるという。その一つは、一九八四（昭和五九）年六月に大学設置審議会の大学設置計画分科会の報告書「昭和六一年度以降の高等教育の計画的整備について」であり、もうひとつは、一九八八年の教育職員免許法の改正である。前者に関していえば、「計画的な人材養成が必要とされる分野のうち、医師、歯科医師、獣医師、教員及び船舶職員の養成についてはおおむね必要とされる整備が達成されているので、その拡充は予定しない」との提言を受け、さらに一九八六年六月に、臨時行政改革推進審議会がその答申の中で国立大学の再編成推進について触れ、「特に、最近の需給状況にかんがみ、医・歯学部及び教員養成学部等の入学定員については、速やかに見直しを行う」としたことの影響が大きい。これらに対応するため、文部省に設置されていた「国立の教員養成大学・学部の今後の整備に関する調査研究会議」は、同年七月に報告をまとめ、①教員養成大学・学部の入学定員の一部を他学部に振り替える、②教員養成課程の入学定員の一部を振り替え、教員養成学部の中に、教員以外の職業分野へも進出することを想定した課程等を設置する、の二つの方向性が示されたのである。

この背景には、全国的な教員需要の減少があった。例えば東京都の小学校について見ても、一九八〇年度、一八〇八名の教員採用者があったのだが、この政策が進行した後、一九九〇年度には六四二名、一九九七年度には一二五名にまで落ちこむという現実があった。

教育学部のみの単科大学である東京学芸大学にとっては、選択肢は②しかあり得なかった。一九八八年四月から、三八〇名の学生定員を割き、従来の五つの教員養成課程に加えて、国際文化教育課程（K類）、人間科学課程（N類）、情報環境科学課程（J類）、芸術課程（G類）の四課程が設置されることとなった（**表V-2**）。これらは新課程と呼ばれ、教育職員免許状の取得を卒業要件としないことから、「ゼロ免課程」という通称も用いられた。東京学芸大学では、従来の教員養成五課程を「教育系」、それら新課程を「教養系」と呼称し、この大きな枠組みは二〇一五年四月の教育組織の再編まで継続することとなった。

教養系設置の際、各課程には、以下のような専攻がおかれた。

国際文化教育課程（K類）：日本研究、アジア研究、欧米研究、国際教育研究

人間科学課程（N類）：生涯教育、心理臨床、総合社会システム、生涯スポーツ
情報環境科学課程（J類）：教育情報科学、自然環境科学、文化財科学
芸術課程（G類）：音楽、美術、書道

これらの四課程は、「現代社会が高等教育にもとめる新しい教育内容を備え、ここに学ぶ学生たちが、時代の要請に応える専門的な能力をはぐくみ、高度な技術を身につけて人類社会の多面的な発展に寄与する有意な人材になることをめざ」し、そのためのカリキュラムについては、「斬新かつ創造的な教育が行える」ことをめざして作成されたという。

教養系の開設によって東京学芸大学には、それまでにはない多種多様な学生が入学するようになり、キャンパスの雰囲気は大きく変わったという。また、これらの課程に所属する学生が教育職員免許状を受けることが妥当であるかどうか、教員の間でも見解が分かれたと伝えられるが、結局教職課程の認定を受けることとなった。ただ、教養系の設置に関して東京学芸大学に配置される教員がさして増加した訳ではなく、教養系単独で教職課程の認定を受けるには出来たばかりのカリキュラムを修正する必要があったようである。教養系が正式に教職課程の認定を受けるのは一九九〇年度からであったが、後述するように、一九八八年の教育職員免許法の改正に伴って一九九〇年四月に教育系のカリキュラムが大きく改訂されることになるのだが、この教育系のカリキュラム改訂は、結果的にできたばかりの教養系のカリキュラムを温存して教養系の課程認定を受けるためにも役立ったようである。

2　一九八八年教育職員免許法改正の影響

中央教育審議会教育職員養成審議会（以下、教養審）は、一九八七（昭和六二）年一二月、答申「教員の資質能力の向上方策について」を出し、教育職員免許状に学歴階層区分による三種別化（これは現在の普通免許状の「専修免許状」「一種免許状」「二種免許状」の区分導入につながった）の導入や、大学の教職課程の抜本的改編への提案を行った。この答申を受けて、一九八八年一二月に教育職員免許法が改正されることとなったが、この改正は、一九五四年に教育職員免許法が改正されて以来の大改正となった。

その概要を記すと以下のとおりである。

（a）新たに専修免許状が創設され、教育職員免許状の普通免許状は「専修」（修士の学位を基礎資格とする）、「一種」（学士の称号を基礎資格とする）、「二種」（大学に二年以上在学し六二単位以上を取得することを基礎資格とする）の三区分とされたこと。

（b）免許基準が引き上げられ、たとえば小学校一種免許状で一一単位増、中学校および高等学校一種免許状で五～一三単位増（増加数は教科により異なる）、となった。

（c）従来、「教職に関する専門教育科目」については、「教育原理」「教育心理学」などの科目名称で取得単位数が定められていたが、改正後は、「教育の本質及び目標に関する科目」「幼児・児童又は生徒の心身の発達及び学習の過程に関する科目」「教育に係る社会的、制度的又は経営的な事項に関する科目」「教育の方法及び技術（情報機器及び教材の活用を含む）に関する科目」という四領域から合計一二単位（小学校の場合。中学校の場合は八単位）を最低限履修させることとした。（d）「教科教育法に関する科目」（小学校は「教材研究」から変更）、「道徳教育に関する科目」に加えて「特別活動に関する科目」「生徒指導及び教育相談に関する科目」（中学校の場合は、「生徒指導及び教育相談及び進路指導に関する科目」）が加えられた。

このうち、（c）において教職専門科目の名称表現として履修すべき分野やそのねらいなどを概括的に表現するに至ったことは、学校教育の厳しい現実により即応した内容をもつ科目の登場を期待するという配慮があったと考えられるほか、（d）において「生徒指導及び教育相談に関する科目」が二単位分加えられたことの背景には、「不登校」「いじめ」「非行の低年齢化」といった現象への対応が求められていたことが反映されているであろう。

この免許法改正による新たな教職課程は一九九〇年度の大学入学者より適用されることとなっていたため、東京学芸大学においてもこれにあわせて、カリキュラム改訂を実施した。その際の東京学芸大学の基本方針は、

1　教育実践の場で起こる問題にも対応できる、有為な人材を育成し、広く社会的要請に応えるよう授業科目を充実する。

2　広く豊かな教養と教科等に関する専門的知識を育成するため、「専門教育科目」の各領域で、基礎科学、教科教育学、教育科学の三者が有機的に結びつくような授業科目の開設を目指す。

3　学生の主体的な学習・研究を可能にするため、カリキュラムの弾力化を図り、一定の範囲内で学生個々は、自己のカリキュラムを編成できるようにする。

であり、免許法改正の趣旨を汲みつつ、独自の工夫を加えてカリキュラム改定を行ったことが窺える。

3　大学設置基準の大綱化とその影響

一九九一（平成三）年六月、「大学設置基準の一部を改正する省令」が告示され、戦後日本の大学教育が大転換することとなった。それまで、大学の授業科目は、その内容から、「一般教育科目」「保健体育科目」「外国語科目」「専門教育科目」の四種類に分けられていたが、この告示によって、その区分がなくなり、「大学は、当該大学、学部及び学科又は課程等の教育上の目的を達成するために必要な授業科目を開設し、体系的に教育課程を編成するものとする」「教育課程は、各授業科目を必修科目、選択科目及び自由科目に分け、これを各年次に配当して編成するものとする」と定められた。これは「大学設置基準の大綱化」と呼ばれ、国内のほとんどの大学のカリキュラム編成に多大な影響を与えることとなった。

東京学芸大学も、もちろん例外ではなく、この大綱化を受け、一九九五年四月、カリキュラムを改訂し、「共通科目」「教職科目」（教育系のみ）「専攻科目」の三つの区分に、授業科目が編成された。

以上のように、一九八〇年代半ばから一九九〇年代半ばにかけて、東京学芸大学は、国の教員養成大学や教育職員免許状に対する政策に翻弄されながらも、新たな教養系を設置してそれまでにないタイプの学生を受け入れることに成功し活気を呈していた。しかし、教員養成大学・学部に対する風当たりは一九九〇年代後半以降いっそう厳しさを増していくのである。

4 大学院の発展

一九八〇年代半ばから一九九〇年代にかけては、大学院のあり方も変化がみられた。

まず教育学研究科修士課程について見てみると、一九九二（平成四）年度には、一九八八年度に開設された学部教養系学生の卒業を迎えることから、その卒業生を受け入れるために一五講座の増設を行い、あわせて従来の教育学修士のほかに学術修士の学位を設けることとなった。

次いで、一九九七年度には、専ら授業を夜間に開講する総合教育開発専攻を増設し、既設の一二専攻にあっても昼夜開講とすることとした。これは、修士課程に現職教員の研修機関としての意味をもたせようとするもので、事前に行った需要調査での、夜間大学院が設置された場合には多くの希望者が見込まれるとの結果を踏まえたものでもあった。

また、この時期の本学の大学院で特筆すべきことは、一九九六年四月に連合学校教育学研究科博士課程が設置されたことである。東京学芸大学に大学院博士課程を設置することは、「教育系大学・学部が真に大学としての機能を充実し発展するためには、学校教育及び教科教育に関する研究指導能力を有する後継者の養成を自ら実施する必要」の見地からも、期待されるところであった。一九七〇年代前半からの博士課程設置に向けた本学の取り組みは、紆余曲折を経て一九九〇年代に入りようやく実現可能性を見通せる地点に達し、最終的に、千葉大学・埼玉大学・横浜国立大学のそれぞれの教育学部と連合しての連合大学院として設置されることとなったものである。

この大学院連合学校教育学研究科博士課程の一つの特徴は、教員養成系大学・学部が有する研究科としてふさわしい特質として、ややもすると伝達技術的な教科教授法として狭く理解されがちな教科教育を超えて、人間と教育との関係において文化資産をどのように再構成するかという視点、また、そのためには現行の教科枠をも相対化できるような力が求められるという観点から、「広域科学としての教科教育学」を掲げていることである。設置以来間もなく三〇年になろうとする大学院連合学校教育学研究科博士課程は順調に発展し、全国の国立教員養成系大学・学部や教職課程を有する大学に多くの研究者を送り出してきているところである。

5 一九八〇年代後半〜九〇年代の学生生活・教養系の設置

「教養系」設置と新たな学び

一九八八（昭和六三）年四月に新たに「国際文化教育課程（K類）」「人間科学課程（N類）」「情報環境科学課程（J類）」「芸術課程（G類）」が「教養系」として誕生したことは、本学の姿を大きく変えることなった。従来からの五つの教員養成課程は「教育系」と呼称され、「教育系」と「教養系」を大学の両輪として教育・研究が営まれる時代が始まった。

多くの教員志望でない学生の存在は、キャンパス内で多様な考え方、価値観をもつ学生たちが集いともに学ぶことを可能として、その出会いの場は、教員志望の学生たちにも新たな刺激を与えるものとなった。他方、「教養系」の学生の中からは、「教育系」の学生から影響を受けて、教員をめざす者も多く現れた。しかし、「ゼロ免課程」とも呼称される新課程をめぐり、当初「教育系」と「教養系」それぞれの教員の中には相互理解を欠く部分もあり、惹起する軋轢や問題を止揚するために、教職員と学生はその後多くの課題に向き合うことにもなった。

新課程が始まって三年目になると、全学的な教育体制の改定が行われ、新たに「教室」が本学の教育組織の基本単位となることが示された。それまでも学内では「教室」という単位は用いられていたものの、従来のそれは、研究組織の基本単位を指すか、あるいは漠然と研究組織と教育組織の両方を含む基本単位のことであった。しかし、この改定により、その後の本学では、教員は教育組織と研究組織の別々に所属することとなった。とはいえ、分野によってはそれが不明瞭なままに運営されるところもあった。

では、この新課程発足の中で、当時の「教育系」と「教養系」の学生は、それぞれどのような意識をもち、本学で学んでいたのだろうか。これについては、その第一期生を対象に、当時の学校教育学科の松本良夫教授が「昭和六三年度新入生調査」を実施しており、その概要を次のように示している（『キャンパス通信』第一二七号、一九八九）。その一部を紹介してみよう。

「入学をめぐる事情」：現在属している課程・専攻／選修を選んだ理由は、教育系では、①将来の職業を考えて（三三・六％）、②興味・関心が合う（三〇・三％）、③合格の可能性を考えて（二五・二％）の順だが、教養系では、①興味・関心が合う（四五・五％）、②新設学科に魅力を感じて（一七・〇％）、③合格の可能性を考えて（一五・二％）。そしてこの選択が調査時にどう評価されているかについては、教育系では、「よかった」が七二・三％で、「よくなかった」五・一％を大きく引き離すのに対して、教養系ではその比が三六・六％、二九・四％と接近している、ということであった。

「大学生活へのスタンス」：学生生活への抱負をみると、教育系では、①教養志向三〇・三％、享楽志向二一・一％、③教職志向一七・六％、④専門志向一五・一％。これに対して教養系では、①教養志向二九・五％、②享楽志向と専門志向は同率で一八・八％、③職能志向一三・四％であったという。

次に大学生活で「してみたい」活動は、「授業科目の勉強」と「授業科目以外の勉強」は教養系の方が高く、「体育系のクラブ」「アルバイト」は教育系の方が高い。また、大学生活での達成期待については、教養系のほうで期待度が高かったのは、「一般教養の向上」「外国語の習得」「教職以外の専門職の知識技術の習得」「社会問題への関心の向上」の各項目であるのに対し、逆に教育系のほうが高かった項目は「教育認識の向上」「教育指導技術の習得」であり、それぞれの課程に見合ったものとみられた。

ちなみに、ここでは学生の本学での学生生活の満足度についても指摘されており、教育系のほうでは、満足：不満の割合が四二・〇％対一七・六％と満足の方に傾いているのに対して、教養系ではその比は、三五・七％対二五・〇％と接近していた。

ここにも垣間見られるとおり、「教育系」と「教養系」の学生の意識には異なる特徴が見られたが、既述のとおり、課題が認識されつつも、それが良い方向に向かうことが期待されていた。事実、二〇〇〇年代後半には鷲山恭彦学長の下、「教育系」と「教養系」は学部教育の両輪として、その教育を深化させることとなる。

この教養系の設置、そして一九九〇年度の教育系カリキュラムの改訂に伴い、本学では授業科目が大幅に増加した。すでに深刻な講義室不足に陥っていたこともあり、その緩和のため、一九九二年には「一般講義棟新三号館（西）」を建築した。この建物は、一階に六〇人教室二室、二階に六〇人・一二〇人教室各一室、そして三・四階に二〇〇人教室各一室を配した。

しかし、それにとどまらず、この時期に本学は、旧来の講義棟の大規模な建て替えに着手し、新講義棟の建築が進んだ。新講義棟の実現は、学生にとっても教職員にとっても待ちに待った喜ばしいことであったが、一九九四年度にはこれをめぐり「新講義棟貸し出し問題」が顕在化する。これは、新講義棟がサークル、ゼミなどの学生の自主的活動に貸し出されなくなることを恐れた学生たちによる異議申し立てであった。これに対して、大学側も学生委員会を中心に学生側と向き合い、中央懇談会などを経て問題の解決を図り、教室の貸し出しは維持された。

写真Ⅵ-1　新講義棟

一方、一九九五年一〇月から、学生サービス向上のため、第二むさしのホールにて「学生センター」が開設された。同センターは、本学独自に検討し、国立大学では初めてとなる集約的な学生サービスのためのセンターとなった。それまで学生にとっての窓口は、各部学務係や学生部教務課、学生課、厚生課といろいろな場所に分かれていたが、これにより直接学生を指導、援助、支援する機能を一か所に集中させることで、履修指導、就職指導、生活指導の機能を格段に強化させることが期待された。この「学生センター」は、その後も改善のための見直しがなされ、それは現在のＳ棟一階から三階の学生のための各課窓口に受け継がれている。

課外活動の展開

この時期の学生の課外活動に目を転じてみよう。

本学は、一九八四年第六〇回箱根駅伝に、一九六一年の正月以来、二三年ぶりの参加を果たした。この年は六〇回記念大会ということで参加校が二〇チームに拡がり、本学も厳しい予選会を突破しての出場となった。結果は一九位にとどまったが、体育会サークルを中心とした学生、教職員、陸上部ＯＢの応援を受けて、陸上部選手にとっても貴重な経験となった（『東学大キャンパス通信』九五号、一九八四）。

他方、一九八八年には、学生のサークル活動を支える「サークル新棟（課外活動共用施設）」が建設される。サークル新棟の設置は、本学にとって「二〇年来の宿願」であり、一九八七年三月二四日には、大学側代表と学生側代表の間で「東京学芸大学課外活動共用施設設置に関する確認事項」（確認書）が調印された。そこに至るには、一九八六年五月以来、翌一九八七年三月二四日まで、大学側と学生側代表八人（学生自治会三役、文化系サークル部長、体育会系サークル部長・副部長、担当執行委員二名）の間で延べ一九回の話し合いの場がもたれた。学生側の主な要求は、面積、部屋(一サークル一部屋)、使用規則に関する三点であり、学生と教職員の真摯な協議が両者の溝を埋めていった。それまでの「サークル長屋」への愛着を残しつつ、近代的な設備の整った新棟の中での快適なサークル活動への期待が膨らんだ(『東学大キャンパス通信』第一一四号、一九八七)。

一九九二年七月一五日には、学芸大全体のスポーツ振興のために満を持して「学獅会《がくしかい》」が発足した。同日、発足式が芸術館で挙行され、正装した各部の体育会系サークル部員が多く出席した。「学獅会」の名称が決まるまでは、さまざまな議論があったというが、この名称には「学芸大学の「学」であり、人間形成、協調性など様々なことをスポーツを通して学ぶという「学」、獅子座が南中する夏に本学が創立された事による本学のシンボル「獅子」」の意味が込められた。命名は、吉井唯生(四B社/アメリカン・フットボール部)であった。発足式で挨拶に立った蓮見音彦学長は、学獅会会長として、この名称について「獅子という動物は百獣の王と呼ばれる反面、慈悲深い動物でもあり、弱い者を捨てることはない。これに通じてフェアプレイの精神、スポーツマンシップを培ってほしい」との言葉を贈った(『学獅スポーツ』第一号、一九九二)。

これにより、それまで体育会的組織をもたなかった本学において、他大学の体育会組織に相当する組織が誕生した。その目標は、「東京学芸大学に於ける課外スポーツの向上」と「本学所属の運動部(同好会)の発展と会員相互の親睦を深める」こととされ、学生・教職員の期待は高まった(『学獅』創刊号、一九九二)。

この時期の学生を取り巻く状況

この時期の学生を取り巻く問題をいくつか拾ってみよう。一九八七年エイズのまん延が世界的に深刻な状況にあることをうけて、学内でも『東学大キャンパス通信』(第一一四号、一九八七)に「エイズに関する資料」が掲載され、エイズに関する正しい知識をもち、感染の危険を回避することを求められた。

他方、一九九一年四月からは、二〇歳以上で昼間の学部に在籍する学生は全員、国民年金に加入することとなった。保険料は一か月九〇〇〇円の納付が求められ、これは、学生本人や親にとっての新たな経済的負担となってのしかかった。

一九八〇年代後半に入り、学生たちの海外旅行に出かける機会が増えたが、それは、一九八九年／九〇年にかけてのソ連、旧東欧社会主義諸国の体制崩壊を経て、加速化する。本学でも、「教養系」に「国際文化教育課程」などが誕生したこともあり、海外渡航する学生たちの数は大きく増えた。海外に見聞を求め、異文化理解の場が増えることは望ましかったが、他方で海外旅行中の学生が事件に巻き込まれることも増え、本学でも繰り返し、これに関する注意喚起が発せられた。

他方、海外旅行にとどまらず、自ら海外留学をする本学学生、および外国の大学から本学に留学する学生も徐々に増え、受け入れ留学生については一九八七年には学内に外国人留学生控室が開設された。その後、一九九三年には、留学生教育研究センターが設置され、一九九八年には待望の留学生センターが開設された。その間、一九九五年にはオーストラリアのキャンベラ大学と大学間交流協定を締結し、その後、早くも一九九八年一二月には七か国、一六大学との交流協定を締結することとなった。

Ⅶ　教員養成の質的転換に直面する東京学芸大学

1　子ども減少期における教員養成系大学の展開

教員養成系大学・学部の変化

一九八〇年代の日本の高等教育政策の中で「医師、歯科医師、獣医師、教員及び船舶職員」の養成に関わる分野に関する抑制策が採られたが、この「抑制五分野」の中でも特に教員養成分野については、第二次ベビーブーマー（一九七一（昭和四六）〜七四（四九）年生まれ）が学齢期を通過した後に小中学校の教員需要の急激な減少が見込まれることから、新設や増設を認めないだけでなく、既存の教員養成課程の定員削減が求められたのである。本学の教養系に相当する、いわゆる新課程はこうした動向の中で設置されている。

実際この時期の教員需要は減少し、教員養成課程を出ても教員として就職できる見込みは狭まった。教員養成課程の新規卒業者の教員就職率は八〇年代前半までは七〇%台の後半で推移していたものの徐々に低下し、一九九九（平成一一）年には三二%になっている。次節に述べられるような、「教員就職冬の時代」は東京学芸大学のみならず、日本の教員養成系大学・学部のすべてに及んだのである。

このことは、受験生の動向に当然のことながら大きな影響を与える。河合塾でながらく進学教育本部長を務めた丹羽健夫（一九三六―二〇一九）は、教育学部を出ても教員になれない状況ゆえに結果として入試難易度の低下が生じたと論じている。実際、丹羽が挙げた二〇〇二年の河合塾のデータから大学入試センター試験のボーダーラインを国立大学の学部系統別に見ると、教育系学部の中でも教員養成系は、芸術・体育系に次いで低くなっている。

一方、この河合塾のデータでは、新課程のボーダーラインは教員養成課程のそれよりも高い水準にあった。優秀な学生を集めることに成功したともいえるが、新課程（教養系）には発足時より独特の問題があった。それは主に、教育学部を分割する形で別立ての組織を設けたために一つひとつの教育組織が小さいこと、実際には教育を直接に扱わない多様な学問分野を専攻できる組織を設けながらも「教育学部」という括りの中におかれているがために外から見てわかりにくいこと、の二つであった。

大学入試センターによる共通一次試験の導入（一九七九年）は日本の国立大学全体の入学者の動向を大きく変えたが、教員養成系大学・学部にとっては、一九八〇年代後半から二〇〇〇年前後までの変化は、それに匹敵するぐらい大きかった。主に教職志望者が教育学部に入って教職に就くというルートの比重が下がり、学生の多様化が生じたのである。教員養成課程を出て教員以外の道に進む者、もとから教員を志望せずに新課程に入る者などが増加し、同じ時期に留学生の増加が生じたことも相まって、従前とは異なるキャンパスの文化が花開くこととともなった。

「新課程連絡協議会」で語られたこと

新課程は、国立の教員養成系大学・学部のうち、新構想の三教育大学（鳴門・兵庫・上越）と神戸（教育学部を廃して発達科学部（現・国際人間科学部）へ改組）・群馬（教育学部の一部を新設の社会情報学部に移管）をのぞく四六大学に設けられた。

日本教育大学協会では、一九九四年に「新課程連絡臨時協議会」を開き「大学・学部における新課程の現状の報告及び新課程の諸問題」について参加四七大学の間で意見交換を行っている（一一月一八日、愛知教育大学 大学会館）。この時のもようを同協会『会報』第七〇号（一九九五年六月）から拾ってみると、「スタッフ、予算、建物は教育系の余りのものをあてがわれていて、悲惨な状態」など後発の教育組織としての環境整備の遅れを訴える声や、「新課程の設置で、教育学部は目的大学・学部では規定できなくなっている」「教育学部の中にあっての新課程の位置付けやそのアイデンティティが問題である」など、この新しい教育組織の位置づけの難しさを嘆く声が各大学から出されている。

この「臨時協議会」は翌一九九五年より定例化され、新課程をもつ会員大学が回り持ちで当番校となる形で二〇一三年の第二〇回まで「新課程連絡協議会」が設けられている。そのうち第一一回（二〇〇四年一一月二二日）は東京学芸大学を当番校として附属図書館ＡＶホールにおいて開催されているが、そこでは三大学（北海道教育・茨城・東京学芸）の新課程の取り組みの紹介に続き、代々木ゼミナールの坂口幸世本部長が、新課程が外からどのように見えるのかについて興味深い話題提供を行っている。

坂口は受験生の動向として、大学入試センター試験の後に二次試験を出願するまでの間に約四〇％が志望を変え、変更の実際は「同じ学部の中の学科を変える、専攻を変える人」「同じ大学の中でも違う学部に行く人」「まるっきり違う大学に行く人」などさまざまであると指摘し、その志望校変更の際に受験生が頼る各種メディア（ウェブ上の検索ツールや紙媒体の雑誌など）において、教員養成系学部の新課程に関する情報がなかなか得にくい状況があると指摘している。

一方、ここで「新課程の学生と教育—東京学芸大学「教養系」の実践から」と題して話題提供を行ったのは野口裕二教授であったが、その中では学生が就職活動に際し「文学部出身、理学部出身という人と比べて、実質的には同じような教育を受けてきたにもかかわらず、教育学部出身ということでやや専門性が低いようなイメージを持たれてしまう」という文脈で、この新しい教育組織が外からの認知を得る難しさが語られている。

学部組織とカリキュラムをめぐる課題

そもそも新課程（教養系）は、既存の教育学部の規模を拡大せずに分割する形で設けられたものである。それゆえ前述のように、一つひとつの教育組織が比較的小さくならざるをえず、受験業界や企業などの外側から見た認知も遅れ気味であった。

一方、内なる問題としても、相異なる二つの教育組織を同じ学部に含み込むカリキュラムの構築は、決して容易ではなかった。教員養成課程（教育系）のカリキュラムは、それぞれの校種の教員免許状取得をゴールとして立てられるのに対し、新課程（教養系）のカリキュラムは、それぞれの専門とする分野領域のディシプリンを軸に組まれる。

こうした構成原理の違いに加え、教育組織を分割して別立ての新課程を立てたことにより、横断的な学びが構築しにくいというビハインドも生じることとなった。この点では、「資格取得のサポート」に重きを置く一般大学（多くは私学、特に女子大）において、教員などの学校教育関連職と司書等の社会教育関連諸職のサポートをもともと一体化して行っている取り組みに比べると、本学は両者が別立てであるが故に両方の資格を併せて取得しにくいカリキュラム構成にならざるを得なかったのである。東京学芸大学はその後の教育組織の改編において一部の専攻選修を教養系から教育系に移すなど、さまざまに改善策を講じてきてはいるものの、こうした問題は学校教育系・教育支援系の並立する時代にも尾を引いている。

2 学生生活とキャンパスライフ

教員就職冬の時代と就職先の拡大

一九八〇年代半ばから九〇年代にかけての時期は、教員就職冬の時代であった。**図Ⅷ-1**は本学の一九五七（昭和三二）年度から一九九七年度までの教員就職率を表したグラフである。これを見ると一九九四年度からの三年間は冬というよりは氷河期ともいうべき状況を呈しており、一九九六年から一九九七年度にはついに二〇％代にまで落ち込んでいる。まさに教員就職冬の時代である。

一九八八年四月、教員免許取得を卒業要件にしない教養系が設置され、学部定員一二一五人の三一％にあたる三八〇人の学生が教養系に属することになった。一九九二年

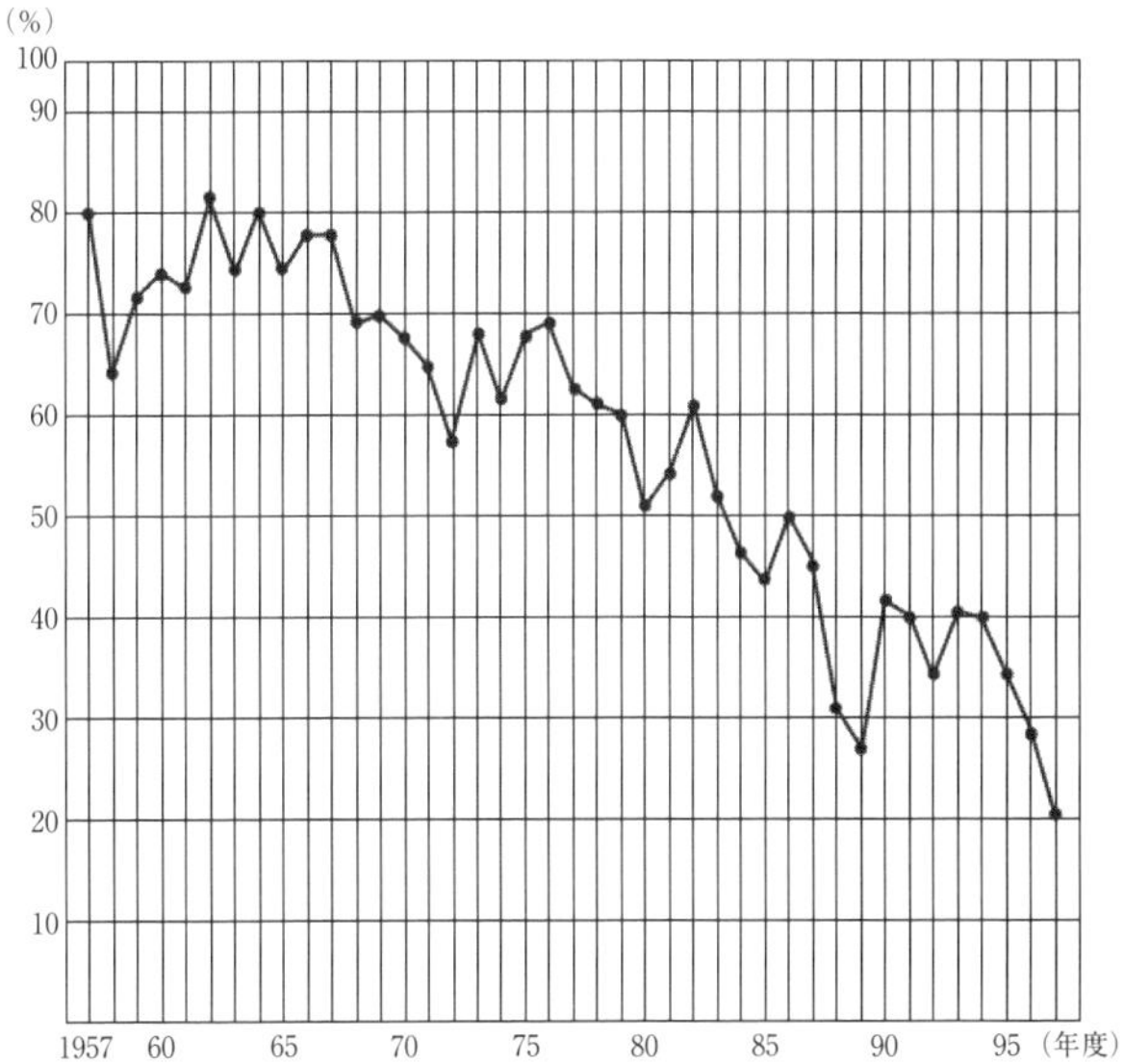

図Ⅷ-1　東京学芸大学 教員就職率（『東京学芸大学五十年史』1999、より作成）

度に教育系（現在の学校教育系）学生とともに、教養系学生が初めて卒業し教育系卒業生の数が減ったにもかかわらず、教員就職率の改善は見られなかった。

状況を重く見た蓮見音彦学長の指示で対策が打たれ、学内での議論を経て、一九九三年には大学と東京学芸大学同窓会が協働で運営する教員採用試験対策の講座が開かれた。現在の通称「万ゼミ（教師力養成特別講座）」につながる動きであるが、問題意識を共有した同窓会の協力は大きかった。

教養系の設置や教員就職難という状況の中で、卒業生の就職先はより拡大していくことになった。民間企業をはじめ、国家・地方公務員などに進む者、その中には社会教育専門職や図書館司書・博物館学芸員・文化財専門職の道へ進む者もおり職種の多様化が進んだ。

これまで本学は学校をはじめ教育界に優れた教員や専門職員を輩出してきたが、この時期の民間企業就職を見ると教育関係企業に進む者も一定数おり、公務員も含めて広く教育に携わろうとする傾向が見られる。また、サイエンスプロデューサーの米村でんじろう、映画監督の押井守や金子修介、作家の篠田節子、日本気象協会の人気天気予報士である平井信之など学校以外の教育文化面で活躍する者や、フジテレビアナウンサーとして活躍した吉崎典子、タレントの優木まおみ、声優の洲崎綾、お笑いタレントで漫画家の矢部太郎などマスコミ・芸能の世界で活躍する著名な同窓生も多く、世間で思われている以上に活躍の場は広い。また、本学や他大学の大学院に進学し、研究者や大学教員として活躍している者も多数に上る。

芸術・スポーツの世界で活躍する卒業生

事実上、総合大学に匹敵する領域をカバーする本学であるが、同窓生の活躍の場は芸術やスポーツの世界にも拡がっている。

一九九〇年代から二〇〇〇年代にかけての時期、芸術の世界では、指揮者の田久保裕一、作曲家の稲森安太己、ソプラノ歌手の高橋唯などの著名な音楽家が出ている。書道では書家であり現代美術家としても活躍する柿沼康二、絵本作家として活躍する高橋和枝がいる。

スポーツにおけるこの時期の大きなトピックとしては、一九九七年に全日本バレーボール大学女子選手権大会決勝戦で東海大学に圧勝し見事優勝、大学日本一の栄冠を勝ち取ったことがあげられる。メンバーであった狩野美雪は実業団チームに加入し、その後、北京オリンピック代表として活躍した。野球では、二〇〇三年に横浜ベイスターズにピッチャーとして入団し、北海道日本ハムファイターズでも活躍した加藤武治がいる。

陸上では、アテネ（二〇〇四年）オリンピック女子八〇〇m代表として活躍した陸上女子八〇〇mの元日本記録保持者・杉森美保、東京二〇二〇オリンピック女子一五〇〇mに日本女子選手初出場という快挙を成し遂げた卜部蘭がいる。

ビーチバレーでは、アテネ・北京オリンピックに出場した楠原千秋、サッカーでは、二〇〇四年に本学初のJリーガーとして鹿島アントラーズに入団し、その後、日本代表としても活躍した岩政大樹（現、鹿島アントラーズ監督）、二〇一〇年にJリーグFC東京に入団し、同じく日本代表に選ばれた高橋秀人らがいる。

柔道では、二〇一三年の全日本学生柔道体重別選手権大会で本学初の優勝者になった角田夏美がいる。その後、角田は数々の国際大会で優勝し、二〇二一年、二〇二二年、二〇二三年の世界柔道選手権四八キロ級で三連覇を果たしている。

背景には、運動系サークルの活躍がある。陸上、水泳、バレーボール、サッカー、柔道、剣道、硬式野球、ソフトテニス、バスケットボール、バドミントン、卓球などは、この時期の各種目のリーグや東京地区国公立大学体育大会で常に好成績を収めている。

しかし、その中でも特筆すべきは、一九九八年長野パラリンピック冬季競技大会のアイスレッジ・スピードレースで金メダル三、銀メダル一を獲得した松江美季の活躍である。学部一年の時に早朝トレーニング中に交通事故に遭い、車いすの生活を余儀なくされた彼女の大活躍は、多くの同窓生に勇気と感動を与えた。

留学生の増加と活動

同窓生の中には留学生も含まれる。一九八七年に一三六名に達した留学生は、その後増加の一途をたどり、一九九〇年には四〇四名が在籍するようになった。その中には大学院に進学し、博士の学位を取得して大学教員として母国や日本国内で活躍する者も少なくなかった。また、帰国後、日本語教師や外国人留学生のキャリア教育の仕事で活躍する者、日本国内の企業で活躍する者など、留学生は母国と日本の架け橋になるような活躍を見せている者が多い。

キャンパスにおける留学生の活動では、二〇一一年度と二〇一三年度に行われた「東日本大震災被災地の教育支援ボランティア」が注目される。十数名の留学生（教員研修留学生・日本語日本文化留学生・交換留学生など）が参加したこのボランティア活動では、被災地の小中学校や公民館・仮設住宅などで、支援物資の仕分け作業や図書の整理、放課後の子どもたちとの遊びや学び、大人・高齢者との交流が行われた。

このような留学生の学びや生活を支えたのが学内の各組織である。前述したように、増加する留学生に対応するため一九九三年に設置された「留学生教育研究センター」（一九九八年に省令施設「留学生センター」に格上げ）、さらに係から格上げされた留学生課がその活動を支えた。「東日本大震災被災地の教育支援ボランティア」活動も「留学生センター」主催の事業であった。

写真Ⅶ-1「東日本大震災被災地の教育ボランティア」活動

現在、東京学芸大学は、六五を超す海外の大学と学生交流・学術交流の提携を結んでいるが、それらの大学に本学学生が留学する動きとともに、海外から本学に留学してくる学生の活動や日本人学生との相互交流は、国内的な視野に偏りがちな教員養成大学の国際化という点で、今後ますますその意義を高めていくに違いない。

小金井祭は滅ぶか!!

一九九七年七月に発行された『キャンパス通信』第一六六号には、学生部長・荒尾禎秀による「小金井祭は滅ぶか‼」という衝撃的な記事が掲載された。これは、大学側が提案した一九九七年度小金井祭を四日間から三日間とする案に学生側が反発した「日程縮小問題」とその顛末に関する記事であったが、小金井祭をめぐり双方の厳しいやり取りが交わされたことが窺われる。

荒尾は、「いま、小金井祭はその位置を失う瀬戸際にある」とし学生に危機意識をもつように訴えている。小金井祭が意義づけをもたない模擬店が中心で、おおよそ大学の文化祭らしくない、参加者が限られていて学生の多くは連休状態、学生による好ましくない行いも続いているなど、以前からあった教員側の批判が限界に達したことが短縮案の背後にあった。

学生にとってのキャンパスライフは、主に、正課としての講義と課外活動で成り立っているが、課外活動としての小金井祭に、本学らしい「優れて教育的な活動」としての側面を願う教員側と学生側との間には意識の違いも生じていた。

結果的に、学生側から改善案の提示もあり、大学側がその努力や工夫を認め、この年は四日間開催できることになり、双方から委員

写真Ⅶ-2　第42～44回 小金井祭パンフレット
（1994～1996年）

を選出する「点検・評価委員会」を設置するなどの合意が交わされた。合意のポイントは、多くの学生の自主的・創造的・積極的参加によって大学にふさわしい文化祭を作るという点にあった。

学生部長として荒尾は、「小金井祭が全学的行事として必要なのだという主張の実態を今年は是非示し、実感させてほしい」、「意義付けも持たない模擬店の団体には小金井祭とは関係無しに学外で店を開くことをすすめたい」と厳しく指摘し、「教育学部の学生として教育問題が大揺れの今こそ考え議論しなければならないことが多くある」と述べたうえで、「伝統ある小金井祭が滅ぶことのないために」この閉塞状態を学生自らの努力で突破することを訴えている。

一九九〇年代から二〇〇〇年代の学生観、多様に活動する学生たち

『東京学芸大学五十年史』は、九〇年代を「学生たちの新しい価値観や大学観が発揮された時代」であると位置づけているが、前述の小金井祭をめぐる問題などもそのことと関係があろう。しかし、小金井祭の改革や学獅会の創設、学内クリーン・キャンペーンの実施、学生による授業評価の試みなど、この時期の学生に見られる動きはネガティブなものばかりではない。むしろ、自ら課題に取り組もうとする学生たちの意識や意欲的な姿勢が顕在化した時期であったということもできよう。

この時期は学生たちの学びの場も拡がりを見せた。一九九七年にスタートした多摩地域の国立五大学（東京学芸大学、東京農工大学、東京外国語大学、電気通信大学、一橋大学）の単位互換制度は学生たちから歓迎された。メリットを感じた各大学の学生が、希望先の大学で科目を履修し単位を修得する姿が見ら

れるようになった。

また、この時期は、交換留学制度を活用して本学から海外の大学へ留学する学生も増えた。さまざまな留学先で貴重な国際交流体験を重ねる学生の姿、教育実習でさまざまな子どもたちからもらった声を心の支えにして頑張り通した学生の姿、教育実践総合センター主催の「親と子のための教育相談サマーキャンプ」に参加して教職への意識を以前に増して高める学生の姿など、国際化が進んだこの時期の学内誌『キャンパス通信』には、さまざまなことにチャレンジし、意欲的に学ぶ学生たちの姿が数多くみられる。

阪神淡路大震災と学生たちの動き

一九九五年一月一七日に発生した阪神淡路大震災は、阪神地域に未曾有の被害をもたらしたが、この震災が転換点となり、日本国内でのボランティア活動が活性化したことはよく知られている。一九九五年を「ボランティア元年」と呼ぶことがあるが、その後、ボランティア活動は年代も職業も多様な層に拡がりを見せることになる。

一九九五年五月に発行された『キャンパス通信』第一五八号は、特集「ボランティア活動体験記」を掲載しているが、記事を通してさまざまな支援活動を行う学生たちの姿が浮き彫りになる。

東京学芸大学文科系サークル会議（文サ連）は、阪神淡路大震災をうけて一九九五年二月にチャリティバザーを開催し、バザーで得られた資金に「文サ連」からの資金を合わせて日本赤十字社に八万五千円あまりの義援金の寄付を行った。また、参考書一二〇冊、辞書六冊、ノート一二〇冊、鉛筆一〇〇本、シャープペンシル八〇本、消しゴム一五〇個も学生から提供され、大阪大学学生課を通じて被災した受験生へ配布された。わずかな規模の寄付かもしれない。しかし学生たちが示した被災者支援の気持ちは、教育学部の学生らしい、珠玉の輝きを放つものであった。大学側からは感謝の言葉が学生たちに送られた。

また、多くの学生が、被災者支援のボランティアとして現地に出向いている。学部三年の学生は、東京の事務所でボランティア派遣の連絡を現地と取る仕事をし、自らも神戸にボランティア活動に入っている。この学生は最も被害の大きかった長田区に入り、大火災で燃え尽きた街を歩き回る。避難所で被災者と直接接してさまざまな話を聞き、大震災が人びとにもたらした本当の凄惨さに気づいたという。そこで、自分自身を使って被災者のために「やりたい」と思っていることと、本当に自分が「やれる」こととのギャップの大きさを感じ、自らのボランティア活動そのものの意味や姿勢を問い直している。阪神淡路大震災被災者支援のボランティア活動を通して学生たちが得たものは大きかった。

阪神大震災
ボランティア
協心戮力
活動体験記

協心戮力

私がこの1ヶ月程やってきたことは果たして"ボランティア活動"と呼べるようなことだったろうか？ 日本ではその明確な定義づけも何もされていないから、"ボランティア"の幅はそれこそピンからキリまであるのだろうが。今こうして「ボランティア活動に参加してみて」という題を与えられ、原稿用紙にむかってみても、実際何をどう書いてよいのかほとほと困り果てている状態なのである。

私が実際に神戸にいたのは3日間だけであるが、この1ヶ月のほとんどは、東京の事務所で神戸の本部と連絡をとったり、ボランティアの人々を派遣したり、というような仕事をして過ごした。実際に仕事を始めたのは震災から1ヶ月程経ってからだったので、それ以前のような手探り状態からは抜け出してはいたのだが、それでも毎日何かしら突発的な仕事が必ずと言ってよいほどあったので、家に帰るのはいつも終電近くになってからだった。朝10時から夜の12時近くまでずっと電話やファックスと格闘していた。

神戸にいた3日間を含めて、この1ヶ月は毎日が"社会勉強"の連続だった。神戸にいるボランティアと直接連絡をとったり、帰ってきた人と話をしたりする機会が多かったので、人よりは現地のことに詳しいつもりでいた。が、"百聞は一見に如かず"ということが初めてわかった気がする。人からの話やマスコミの情報だけでは真実はわからない。自分は充分わかっているつもりでいた分、現地で受けたショックはより大きかった。神戸に行けと言われた意味も現地入りして初めてわかった。私が行った長田区は被害が最も大きかった地区である。燃え尽きて何もなくなってしまった町

写真Ⅶ-3「阪神淡路大震災ボランティア活動体験記」『キャンパス通信』（vol.158、1995年5月15日）

Ⅷ　学校教育系・教育支援系体制の確立とこれから

1　教養系から教育支援系への転換

二〇〇〇年代から二〇一〇年代前半にかけて進展した文部科学省の国立教員養成系大学・学部に対する諸施策は非常に厳しいものがあり、新課程の設置を容認した一九八〇年代と比較するとまさに雲泥の差であった。教員養成系大学・学部は、国立大学への風当たりを一身に引き受けさせられた感が強い。

なかでも、二〇一二（平成二四）年から文部科学省と大学とのあいだの意見交換を通して進められた「ミッションの再定義」は、国立大学が担うすべての人材養成の分野を対象に対応が求められたものであったが、一〇年後の今日的観点から見れば、この「厳しい」ミッションを忠実に履行させられているのは教員養成系大学・学部だけではなかったかと思われる。

「ミッションの再定義」において、東京学芸大学は、まず学士課程教育については、「東京学芸大学の特色を継承し、英語、国際、情報に加え環境などの今日的教育課題に対応した教育組織に再編する。さらに附属学校や公立の連携協力校等を積極的に活用した観察実習の新設や学校インターンシップの実質化などによる四年間にわたる学校教育現場と往還した実習カリキュラム体制を整備して実践的能力を育成する。また、特別支援教育科目の必修に加え、教科と教職を有機的に結びつけた科目の他、現代的教育課題に対応する教職科目を強化する体系的なカリキュラムを構築する。これらにより、教科指導力と生徒指導力並びに学級経営能力を備えた初等中等教育諸学校でリーダーとなりうる教員を養成し、全国の教員養成機能の中心的役割を担う」ことを宣言するとともに、教養系については、「人間社会科学課程、国際理解教育課程、環境総合科学課程、情報教育課程及び芸術スポーツ文化課程については、第二期中期目標期間末までに、規模の縮小とともに社会的要請を踏まえた抜本的な見直しを図り、学校現場と協働する教育支援人材を養成する」ことも自らに課すこととなったのである。

そのため、二〇一五年四月に、学部教育組織再編を行い、従来の教養系五課程を廃止し、新たに学校現場と協働する教育支援人材を養成する「教育支援課程」を創設することとなった。この再編に際して、教養系の学生定員の半数あまりを学校教育系（従来の「教育系」から改称）に移した結果、学部学生定員のおよそ八〇％が学校教育系、二〇％が教育支援系となっている。

新たな教育支援課程には、教育支援専攻のもとに、生涯学習、カウンセリング、ソーシャルワーク、多文化共生教育、情報教育、表現教育、生涯スポーツの七コースが設置された。学校と社会が一体となって教育をすすめていくために、教育マインドとさまざまな専門性をもつスペシャリストが連携しつつ、教育の営みを幅広く支援していく必要があるとの現状認識を踏まえ、変革期の真っただ中にある教育現場のさまざまなニーズに応えうる人材の育成をめざし、教育の基礎知識と教育支援の専門知識、さらに協働する力やネットワークを形成する力を習得することを通じて、学校の外部にあって学校現場と協働し、さまざまな現代的教育課題の解決を支援する意欲と能力を備え、自ら考え行動できる教育支援職を養成することを目的としている。

東京学芸大学が教育支援課程を設置した二〇一五年の一二月、中央教育審議会は答申「チームとしての学校の在り方と今後の改善方策について」を出し、「チームとしての学校」の重要性を提起している。また同時期に出された中央教育審議会答申「これからの学校教育を担う教員の資質能力の向上について～学び合い、高め合う教員育成コミュニティの構築に向けて～」では、教員養成のあり方についての提言も行っているが、その中で教職課程の授業科目のうち「教職の意義及び教員の役割・職務内容」の中で、「チーム学校への対応を含む」こととされている。

このように見ていくと、東京学芸大学における教育支援課程の設置は、まさに学校現場の変化に即した時宜を得たものであったと評価することができるだろう。日々変化していく学校のおかれた環境を考える時、教育支援職の重要性は、今後も一層増加していくものと思われる。

2　二〇一〇年代後半の教員養成諸政策と東京学芸大学

前述した二〇一五（平成二七）年一二月の中央教育審議会答申「これからの学校教育を担う教員の資質能力の向上について」での提言を受けて、一九八八年・一九九八年に次ぐ規模の教員職員免許法の改正が二〇一六年に行われ、二〇一九年四月の大学入学者から適用されることとなった。そのため教職課程を有する全国の大学は、その再課程認定に追われることとなった。

この再課程認定にあたって留意すべきことは、教職課程の一部の科目（「教科に関する専門的事項」）を除いて、「教職課程コアカリキュラム」が文部科学省のもとにおかれた「教職課程コアカリキュラムの在り方に関する検討会」での討議を経て作成されたことである。教職課程の再課程認定の申請にあたっては、このコアカリキュラムで提示された到達目標に達するように授業科目が構想されているかを明示することが求められるようになった。

また、この免許法改正に伴って教育職員免許法施行規則も改正され、教職課程の科目編成にも大きな改編が加えられた。一九九八年の免許法改正以降、「教科に関する科目」「教職に関する科目」「教科又は教職に関する科目」と区分されていた科目編成が、教職課程全体を「教科及び教職に関する科目」として大括り化したうえで、従来の「教科に関する科目」の範疇が、〝各教科の指導法〟の科目を包摂して、「教科及び教科の指導法に関する科目」として再構成されることになったのである。これによって、複数の教科に関する専門的事項を一つの授業科目に集約して構成すること（たとえば、高等学校地理歴史科の教職課程において、二〇一八年告示の高等学校学習指導要領において地理歴史科に新設された「歴史総合」を意識し、「日本史」と「外国史」の内容を融合する科目の設置が可能となった）や、教科の専門的事項と教科の指導法とを一つの科目に融合して構成することも可能となり、教員養成を目的とした特色ある授業科目を開発することに道が開かれたのであった。

ただ東京学芸大学においては、二〇一六年の教育職員免許法改正を受けて二〇一九年度から学部カリキュラムを改訂したが、法令上求められる最低限の改訂のみを施したにとどまった。これは、後述するように、この学部カリキュラム改訂と並行して大学院の大きな改革が進んでいたこと、幼稚園教諭の教職課程の在り方について求められた重要な対応を二〇二三年度までに進めなければならないこともあって、抜本的な学部カリキュラムの改訂を先送りしなければならなかったからである。

二〇一〇年代後半の東京学芸大学にとっての大きな改革は、二〇一九年四月の、大学院教育学研究科の改組であり、具体的には、既設の修士課程のうち教科教育に係わる専攻に所属する教員と学生定員を教職大学院の課程（教育実践専門職高度化専攻）に移したことである。その背景には、教員養成大学・学部に設置されていた既設の修士課程に対して、教員養成の目的に沿うような改革を促す政策動向があった。二〇一三年一〇月に文部科学省のもとに設置された「教員の資質能力向上に係る当面の改善方策の実施に向けた協力者会議」が作成した、「大学院段階の教員養成の改革と充実等について」と題する報告書において、専修免許状を取得できる修士課程について「現行の専修免許状の取得に当たっては、研究科で学んでいる特定の学問分野における専門的知識や理論を、実際に児童生徒に教授する場面においてどのように活用していくのかという教育実践につなぐ学修がなく、高度専門職業人としての教員を養成する上では、理論と実践の往還の視点が不足している」と実に手厳しい指摘がなされ、この報告書と並行し作成された「ミッションの再定義」にあっても、「修士課程では、高度の専門性と実践力をもった学校教員の養成と、現職教員の再教育を主な目的とする。学校教員養成においては、我が国の学校教育において必要とする高度な教科指導力と実践的課題解決能力を併せ持つカリキュラムの充実と新たな研究指導体制を構築するとともに、異なる免許種の取得にも道を拓く修士課程の再編を行う」と、修士課程の再編を言明するに至っていた。

そこで東京学芸大学では、既設の修士課程の良さと教職大学院の良さを融合した新しい修士課程の教育・研究の在り方を検討していたが、二〇一七年八月に、「国立教員養成大学・学部、大学院、附属学校の改革に関する有識者会議」が「教員需要の減少期における教員養成・研修機能の強化に向けて」と題する報告書を提出するに至って状況は一変した。その報告書の中で、教員養成大学・学部の大学院の在り方について、「国立の教職大学院は、教員養成機能の修士課程からの移行を進めるとともに、学校現場の実情に即した実践的な教科領域の教育の導入、学部と教職大学院との一体化、学校外の資源や「理論と実践の往還」の手法等を活用した最新の教育課題への対応に努めること」が求められたからである。

そこで既設の教科教育系の専攻や総合教育開発専攻に所属していた教員と学生定員を教職大学院の課程に移し、①学校組織マネジメント、②総合教育実践、③教科領域指導（国語教育、社会科教育、数学教育、理科教育、音楽教育、美術・工芸教育、書道教育、保健体育教育、技術教育、家庭科教育、英語教育、情報教育、幼児教育、養護教育の各サブプログラムを含む）、④特別支援教育高度化、⑤教育プロジェクト（学校教育課題、国際理解・多文化共生教育、環境教育の各サブプログラムを含む）の五つのプログラムからなる新たな課程に再編成したのである。特に教科領域指導プログラムに属する各サブプログラムでは、教科教育の研究者教員と教科の専門的事項にかかる研究者教員とがチーム・ティーチングの形式で授業を行うことで、従来にはなかった、教育内容に対する学術的検討を踏まえた初等中等教育段階における教育実践のあり方の追求がなされることとなったのである。

一方で修士課程については、「教育の未来構想」を先導するためのグローバル、教育ＡＩ（人工知能）、臨床心理、教育協働などの、これからの社会で求められる先端的な「プラスα（アルファ）＝テーマ」に焦点を合わせ、その内容を教育の側から改めて捉え直すとともに、それら「プラスα＝テーマ」の専門性をも兼ね備えた、総合的で新たな能力を身につけた教育者・研究者を育てることをめざして再編を行い、次世代日本型教育システム研究開発、教育支援協働実践開発（教育ＡＩ研究、臨床心理学、教育協働研究の三プログラムを含む）の二専攻を擁して研究・教育を展開している。

3　東京学芸大学の新たな未来へ

東京学芸大学の学部教育組織は、二〇二三（令和五）年四月から、既設の学校教育系四課程を一課程（学校教育教員養成課程）に再編成し、従来の教育支援課程とあわせた二課程の体制で、新たなスタートを切ることとなった。

学校教育教員養成課程の再編成に際して特筆すべきは、従来初等教育教員養成課程におかれていた四つの非教科系選修を「現代教育実践コース」（学校教育、学校心理、国際教育、環境教育の四プログラムを含む）として統合したことと、中等教育専攻に新たに高等学校情報科の教育職員免許状の取得を卒業要件とする情報コースを設置したことであろう。いずれも教員養成の側面から現代の教育課題に正面から向き合い、その解決に向けて努力しようとする東京学芸大学の方向性を示した取り組みである。

四課程を一課程に集約することで、初等教育・中等教育・特別支援教育・養護教育のいずれの専攻に所属していても、卒業要件とされる免許のほか、履修上の要件を満たせば、学校教育教員養成課程として取得可能な校種・教科の免許の副免許としての取得が可能となった。また、二〇一九年度からの国が求める新しい教職課程では、幼稚園教諭の教職課程の認定条件の水準が引き上げられたため、東京学芸大学でも、学校教育系のすべての学生に幼稚園教諭の免許取得を可能とするカリキュラムの実現可能性が危ぶまれたところであったが、関係する教員の協力も得られ、無事に学校教育教員養成課程として幼稚園教諭の免許取得も可能となったことは、明記しておきたい。

また、学校教育教員養成課程の学生と教育支援課程の学生とが共通して学修する「教育創生科目」を新たなカリキュラム上の区分として開設したことも注目されるべきである。これは、二〇二二年三月に東京学芸大学が「教員養成フラッグシップ大学」（以下、教員養成ＦＵ）に文部科学大臣から指定されたことと密接に関わっている。教員養成ＦＵでは、文部科学省の指定する範囲で、教育職員免許法施行規則に定められた教職課程としての基準を調整して、教員養成ＦＵ独自の観点から教職科目を開設することができるのであるが、東京学芸大学では、この「教育創生科目」の中に、これからの学校教員として身につけるべき新しい技量や考え方を学べる科目を開設し、学生の皆さんに、他の大学では学べない最先端の学修を提供しようとしているのである。この「最先端」の中には、教育支援課程を有して、「チームとしての学校」のあり方をより良いものにしていこうとする東京学芸大学に所属する研究者の研究成果が反映されたものも多く含まれている。

創基一五〇周年をちょうど迎える二〇二三年に、日本の教育者養成の中核を担うべき東京学芸大学は新たなスタートを切った。これまでの一世紀半の遺産に敬意を表しつつ、創基二〇〇年を迎える頃を楽しく想像しながら、新しい歩みを進めたい。

4 学生生活と変わりゆくキャンパス風景

学生生活の拡がりと学び

教育支援課程（E類）が創設された二〇一五（平成二七）年前後は、後に述べるようにキャンパス風景が大きく変貌するとともに、以前にも増して、学生生活や学びに拡がりや多様性が見られ始めた時期であった。インターネットの急激な普及や学校教育のＩＴ化に対応すべくパソコンを活用した授業が展開され、学生のノート型パソコン必携化が実施された。また、スマートフォンの普及など情報機器の発達に伴い、授業形態や学生の学習、研究環境も大きく変化し、シラバスも大学ホームページから閲覧する形となり、冊子体での配布が中止された。

情報機器がいかに発達しても、教育学部で最も大切なことは子どもをはじめ、さまざまな人と関わること、豊かなコミュニケーションを図ることである。本学で活発に行われている自主ゼミ活動も、学問を介した学生と教員、学生と学生との関わりで成り立っている。

本学には子どもや他者を感じ、その言葉を聴く力、コミュニケーション力をもった学生も多い。教員として子どもの前に立つことをめざす学校教育系の学生は、子ども理解や社会全般、そして教科専門や教科教育の基盤となっている学問領域を授業や自主ゼミなどを通して深く学ぶ。そして、カリキュラムの中で大きな位置を占める教育実習で学校現場を体験する。

しかし、学校現場に行くのはその時だけではない。授業科目である「学校インターンシップ」や学校でのさまざまなボランティア活動に参加する学生も多い。また、自治体の青少年センターで実施される高校生向けの体験講座や教員向けの研修会運営などにインターンシップで関わる学生もいる。キャンパス東側に作られた地域の子どもたちの遊び場「プレーパーク」で、どろんこになって一緒に遊び、また、おもちゃ作りを柱に活動を展開するサークルに参加する学生の姿もある。子どもを感じ、自由な発想で教育を表現しようとする学生の姿がキャンパス内外で見られ、学生の学びの場と内容は

写真Ⅷ-1　公民館で地域住民とともに活動をつくる

ますます多様化していった。

社会や学校をフィールドに広く教育を支援する、さまざまな人を多様な仕方でサポートする教育支援者をめざす学生も活動の幅を拡げていった。スクールカウンセラーやスクールソーシャルワーカー、情報教育やスポーツ系部活動をサポートすることで学校現場を支えようとする者、授業の一環で学校図書館や公民館、美術館で学ぶ子どもたちや高齢者の学びを支援する者、演劇や表現コミュニケーションの手法を活用して、人びとの学びや表現を多面的に支援しようとする者など、その志向性と幅はどんどん拡がっていった。それは、多様化し複雑化する学校現場や「チーム学校」を構成するさまざまな人や組織に対応しようとする姿でもあった。

さまざまな領域や視点から教育を専門的に学ぶ本学の学生は、学校や幼稚園で学ぶ子どもたち、社会に生きる多様な年齢層の学びを支える教育者、教育クリエイターとしての素養を存分に見せてくれている。

多様化する大学院と特別専攻科・海外で学ぶ学生たち

本学には、学部学生や留学生の他に、多くの大学院生たちもキャンパスで研究活動を行っている。

大学院は、二〇一九年度から大きく変わり、教育学研究科が教職大学院一専攻（教育実践専門職高度化専攻二一〇名）と修士課程二専攻（次世代日本型教育システム研究開発専攻・教育支援協働実践開発専攻一〇九名）に再編成された。それに従来からある連合学校教育学研究科（東京学芸大学・埼玉大学・千葉大学・横浜国立大学の四大学による博士後期課程のみの連合大学院）に在籍する院生もおり、本学は、多様な目的意識をもつ大学院生が研究を深める場ともなっている。

特に教職大学院が定員を大幅に増やしたことで、教員就職への明確な目的意識をもち、学校教育と教科教育に対する深い知見や豊富な実習経験を踏まえて、将来、スクールリーダーとして先導的役割を果たそうとする院生が多数現れたことの意義は小さくない。学校教育をはじめさまざまな教育現場における多様な課題研究に取り組む修士課程、「広域科学としての教科教育学」の専門研究者養成、教員養成大学で活躍する実践的研究者養成を目的とする博士課程の院生を合わせ、教育に関する総合的な大学院体制が整備され、実践的な研究活動が展開されている。

学校現場からニーズが高い特別支援教育については、大学卒業後の一年コースである特別専攻科で学ぶ学生が実践的な研究活動を行っており、特別支援に関する多様な知識を身につけた教員をめざし日々学びを深めている。

また、本学には世界各国から来た多くの留学生が学んでいるが、同時に、在学中に大学間交流協定を結んでいる海外の大学に留学する学生も多い。年間四〇名前後の学生が在学中にさまざまな国に留学し、そこで暮らす人びとと接し、教育や文化の多様性を学んでいる。本学は教育系大学を中心に交流協定を結んでいる大学数が多いことで知られている。国際交流を担当する教員や事務職員のたゆまない努力がそこにはある。

キャリア支援と学生の学び

本学には、学生のキャリア支援、学生生活でのさまざまなサポートを行うための組織や仕組みが整備されている。教育支援課程設置後は、学生キャリア支援センター（現在の学生キャリア支援室）を中心に教員就職の他にも教育支援職への就職を支援する体制も整えられた。教師力養成特別講座（通称「万ゼミ」）をはじめとして教員志望者対象のさまざまな講座や説明会のほか、教育支援職就職を念頭においた合同説明会をはじめとする企業・公務員志望者対象の取り組みも進められている。

数ある取り組みの中でも、学生の学びとキャリア支援という点で異彩を放っていたのが「学芸カフェテリア」である。カフェテリアはキャリア形成や学修に関するさまざまなメニューから、学生が自分に合った講座やイベントなどを選択して、さまざまなことを学びながら、そこで得られた知識をそれぞれのキャリア形成に活用するシステムであった。講座には、就職や将来設計、キャリア形成に直接結びつくものの他に、社会の仕組みや文化・教養に関するもの、昼休みにランチを食べながら留学生と外国語で会話を楽しむ企画、キャリアに関するランチ講座など、多彩なメニューが用意されていた。なかには学生主導で企画されたものもあり、「学芸カ

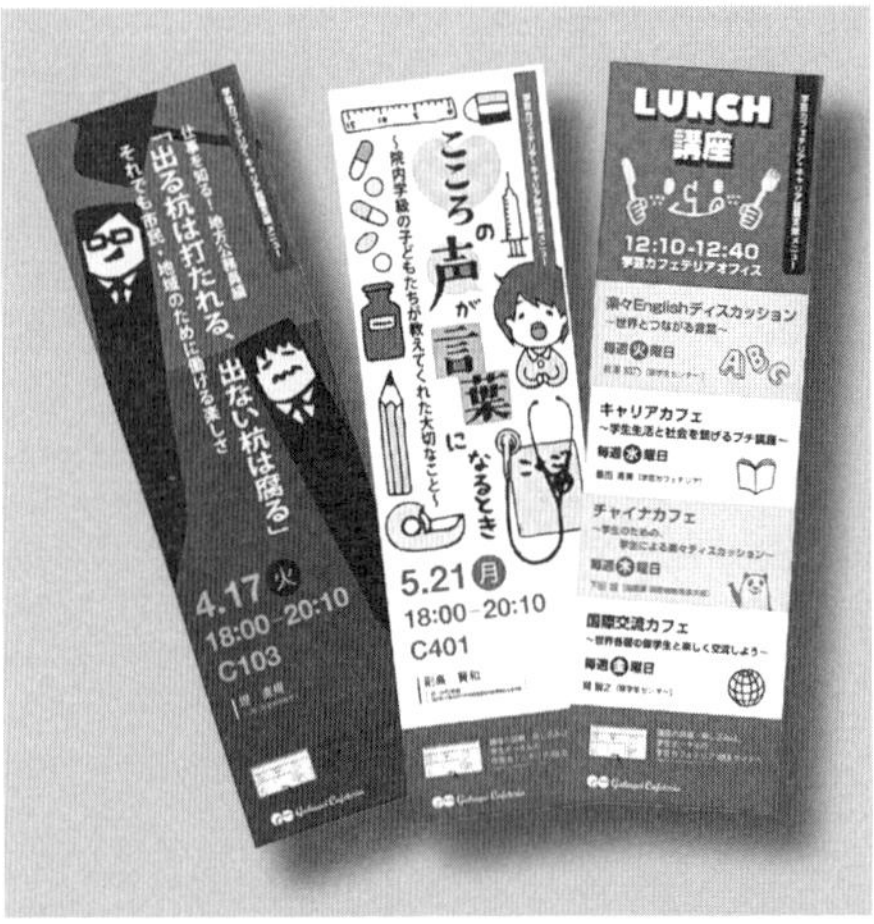

写真Ⅷ-2 「学芸カフェテリア」講座パンフレット

フェテリア」は、教員と学生の協働の場にもなっていた。講座には学年や所属の別なく参加することができたが、オフィスにはキャリア・カウンセラーの資格をもったスタッフも常駐し、多くの学生の相談に対応していた。

大学生協と学食、一〇〇円夕食弁当

学生、教職員にとってキャンパス生活で欠かすことのできない存在のひとつが大学生協である。特に、キャンパスでいかに空腹を満たすかということは、教職員や学生共通の課題である。

本学には二つの学生食堂（学食）があり、附属図書館一階にはおしゃれな雰囲気で親しまれているノート・カフェ（note cafe）がある。昼休みの学食は多くの学生で賑わい、その他の時間帯は学生たちがのんびりくつろぐ空間となっている。ノート・カフェは、学生だけではなく、混雑で生協に入れなかった教員、学外からの来訪者やキャンパス内にある附属学校園の保護者などにも利用され、くつろぎの場所としても、また講座やイベントを行う空間としても親しまれた。

学生食堂は、「大生」と呼ばれる第一食堂と、「コパン」と呼ばれる第二食堂の二つがあるが、以前は、第一食堂の手前に「茶夢」という軽食も出す喫茶店があった。

ユニークなのは、学食のメニューである。本学の学食は何度かテレビなどで取り上げられているが、一九八〇年代に学生だった筆者から見ると、そのメニューの多様さ、提供される食事に対する工夫には驚きを禁じえない。

写真Ⅷ−3は二〇二三年度の大学案内に掲載されている記事であるが、人気＆おすすめメニューにある学芸大生人気ナンバーワンのメニュー「学芸大丼」は、カロリー満点のいかにも学食らしい一品であり、栄養とバランス重視の「定食セット」も、初めての一人暮らしで生活リズムを崩しがちな学生を思いやる優しい一品である。

また、本学学生を対象に五〇〇円相当の夕食弁当を一〇〇円で売り出した「一〇〇円夕食弁当」も記録にとどめるべき活動であろう。

写真Ⅷ−3　学芸大の学食『大学案内 2023』

メディアでも取り上げられたこの弁当は、新型コロナウイルス感染症や物価高騰の影響によってアルバイトを失うなど経済的に困窮している本学学生を対象に、健康的な食生活と栄養面での支援を行うことを目的として販売されたものであった。東京学芸大学基金と東京学芸大学学生後援会の支援と東京学芸大学生活協同組合の協力のもと実現し、完全予約制の夕食弁当は完売となる日が続いた。

多機能化するキャンパス

中期目標や中期計画にさまざまな事業が盛り込まれるにつれ、キャンパスには老朽化した施設の改修だけではなく、企業連携により新たに建設される施設も増えている。二〇一五年前後の時期は、小金井キャンパスが大きく変貌を遂げつつある起点の時期であった。本学のシンボル的な存在になっている「けやき広場」は、二〇一四年にウッドデッキが完成した。今では、学生だけではなく、附属幼稚園の園児や保護者、地域の子どもたちも遊ぶ、また、散歩で訪れた地域住民もひと休みする憩いのスペースになっている。後述するリニューアルされた附属図書館、そしてその一階にあるノート・カフェ、弓道場、学芸の森ホールなどは、小金井キャンパスと地域住民との架け橋ともいうべき存在となっている。

その他にも、キャンパス中ほどには薪ストーブがある若草研究室（コカ・コーラ教育・環境財団寄附施設）、東側にはＮＰＯ法人「東京学芸大こども未来研究所」の活動拠点である「こどモードハウス」と「学芸の森保育園」、それに教職大学院棟がある。新小金井街道を挟んで、教員や学生も利用でき、地域住民との連携推進を主目的にする「コミュニティーセンター」、地域の子どもたちが野外遊びで走り回る「プレーパーク」もよく知られている。小金井キャンパスは、まさに、乳児から高齢者まで、さまざまな年齢層の人びとが出入りする教育学部らしい開かれた空間でもある。

二〇一九年三月、企業との連携で一般社団法人「東京学芸大 Explayground 推進機構」が設立された。産官学民の協働的な取り組みを促進するプラットフォーム「Explayground（エクスプレイグラウンド）」の運用と教育におけるオープンイノベーションを先導的に進め、研究することを主な目的としているが、その拠点となるのがプレーパークに隣接して建設された Explayground 一号館である。しゃれた木造建築物で、Explayground の活動拠点であり、誰もが気軽にモノづくりを楽しめる空間、新しい学び創造の場として活用されている。現在、二号館が建設中である。

リニューアルされた附属図書館と大学史資料室

このように、二〇一五年前後の時期以降、小金井キャンパスには老朽化した施設が改修されるとともに新たな施設も設置されていくが、その姿を大きく変えたのが附属図書館である。二〇一一年三月に学内での議論を踏まえて策定された「附属図書館リニューアルプラン 二〇一一―二〇一五 ―変革期に対応する東京学芸大学附属図書館の発展を目指して―」に基づき改修工事が進められた附属図書館は、二〇一五年五月にリニューアルオープンし、現在の姿となった。言うまでもなく、学生、教職員にとっての附属図書館は、キャンパスにおける必要不可欠な居場所であり、思索・探究の場である。

附属図書館では職員の並々ならぬ努力で、教員や学生の教育研究を支えるさまざまなサービスが展開されているが、デジタル化の急激な進展とともに図書館サービスのあり方は変貌を遂げ、その可能性を拡げている。附属図書館が整備、開設した「東京学芸大学教育コンテンツアーカイブ」は、本学の教育・研究活動の成果としてのデジタル資源（デジタル画像、動画等）を収集・公開するプラットフォームである。教員養成大学の附属図書館としての特色を活かしたデジタルアーカイブとして注目されている。

さらに特筆すべきは、二〇二〇年六月、附属図書館が、コロナ禍で大

写真Ⅷ-4　学芸大デジタル書架ギャラリー

学に入構できない学生のためにウェブ上で図書館内の書架の画像を提供する「デジタル書架ギャラリー」を公開したことである。教育学分野を中心に一九本の本棚に収められた約六四〇〇冊の本の背表紙画像を提供し、東京学芸大 Explayground 推進機構の協力により「3D書架」を試作したこの活動は、アンダーコロナにおいて国内に類を見ない取り組みとして社会的に高い評価を得た。

また、同年スタートした図書館増築工事に伴い、それまで合同棟にあった東京学芸大学大学史資料室が、関係者の努力で附属図書館三階に移設された。

大学史資料室は、二〇一二年に村松泰子学長の下、藤井健志教授をはじめ関係者の努力により本学初の大学文書館として開設されたが、附属図書館に移設されたことで、資料閲覧スペースとともに、小規模ではあるが本学初の自校史に関する常設展示スペースが設置され、多くの企画展示会を開催している。展示は、学生をはじめ教職員、卒業生などに公開され、授業でも活用されている。

写真Ⅷ-5　大学史資料室 展示スペース

Ⅸ　附属学校園の歩み

1　附属学校園の在り方に関する論点と課題

「国立の教員養成系大学・学部の在り方に関する懇談会」（在り方懇）と附属学校

二一世紀に入ってからの国立教員養成系大学・学部の改革に大きな影響を与えたのが、「国立の教員養成系大学・学部の在り方に関する懇談会」（「在り方懇」）である。この懇談会は、中央教育審議会のような大臣の諮問機関とは異なり、高等教育局長裁定で設置され、法的な根拠は曖昧である。しかしながらここで検討され、提言されたことがらの多くは、その後の教員養成に関わる政策に受け継がれている。

「在り方懇」は東京学芸大学の岡本靖正学長を含む二〇名の委員で構成され、二〇〇〇（平成一二）年八月二八日の第一回以降おおむね月一回の会合を重ね、翌二〇〇一年一一月二二日に報告書「今後の国立の教員養成系大学・学部の在り方について（報告）」をまとめている。同報告書では、県域を越えた教員養成系大学・学部の統合や、新課程の教員養成課程からの分離、教員養成における「モデル的なカリキュラム」の策定など、多岐にわたる提言がなされている。なかでも附属学校については、「学部における教育に関する研究に協力」することが「充分活用されているとは言えない」、教育実習については「実質的な指導が十分に行われていないなどの批判がある」等の課題が述べられ、以下三点が提言されている。

(1) 今後の基本的な在り方
(2) 同一学校種複数学校等、附属学校の規模の見直し
(3) 学部の再編・統合に伴う附属学校の在り方

(1)では、「附属学校は大学・学部に附属するものであり、大学・学部における教育に関する研究への協力がなされなければ、附属学校としての役割を果たしているとは言い難い」として大学・学部と附属学校との組織的連携の強化を要請し、あわせて教育実習についても「附属学校と公立学校での教育実習の有機的な関連付けについて検討が進められるべき」として附属学校のみでの教育実習の見直しを要請している。

続く(2)では、少子化に伴い、「公立学校では学校の統廃合や学級数の削減を余儀なくされている」「大

学の教員養成課程自体が縮小されてきている」ことから「附属学校の規模の見直し」、具体的には学級数の削減や、同一校種の附属学校園が複数ある場合の統廃合や附属学校園の地方移管の検討を行うことを提言している。

(3)においては、同報告書において提言されている教員養成系大学・学部の再編統合が行われた場合における附属学校の扱いについて、教員養成系大学・学部として存続するところにおいては「学部における教育に関する研究に協力」することと「教育実習の実施」のために存続することが適当であるが、それ以外の附属学校については「段階的に地方移管や廃止等の方向で検討する」ことを提言している。

附属学校園への「風当たり」と「外圧」

「在り方懇」によるこのような要請や提言は、国立大学の附属学校園に対する外からの「風当たり」を背景にしている。それは大きく以下の二つにまとめられる。

ひとつは、いわゆる少子化に伴うものである。第二次ベビーブーマーが学齢期を過ぎた一九八〇年代後半より、この少子化を見越して教員養成課程の規模の縮小が行われてきた。当然のことながら、附属学校園での実習生の数も減少することになり、附属学校園のキャパシティを削ることに合理性が出てくるのである。のみならず、公立学校の規模が減少する中で、附属学校の規模が相対的に大きくなってきてもいた。このことについては「在り方懇」報告書においても「少子化の影響を受け、公立学校の規模が縮小されていることから、結果的に附属学校が地域における大規模学校になっているケースがある」

と指摘されている。二〇〇四年に国立大学が法人化され、それまで国立学校設置法に基づき教官定数が定められていたものが各法人の裁量で決められるようになった後、多くの国立大学附属学校が学級数を減らした（教員数を減らした）のはこうした事情に由来する。

これよりも根強いのは、いわゆる「エリート校」化に対する批判である。これは、「在り方懇」の議論の中でも、主に教育実習との関係で繰り返し登場しており、同報告書の中でも「児童生徒の素質能力が比較的均質である附属学校で教育実習を行うより、多様な子どもたちで構成されている公立学校で行った方が効果があるのではないか」とされている。「エリート校」化しているがゆえに学習指導上の問題が少なく、教育実習において実習生がさまざまな教育課題に触れる機会が少ない。それゆえさまざまな教育課題を抱えた公立学校での教育実習を多く取り入れるべきだ、という筋での議論である。東京学芸大学をはじめとする多くの国立教員養成系大学・学部が、三年次に附属学校園での実習、四年次に公立学校等の協力校実習を配しているのは、こうした考えに基づいている。

「在り方懇」は文部（科学）省内に設けられた会議であり、教育界のそれぞれの立場を背景にもつ委員を主体に構成されているため、こうしたトーンでの議論となっているが、国会における政策審議の場においては、議論の位相が多少異なっている。

むろん、附属学校が地域に対して果たしてきた特別な役割を肯定的に捉える向きも、特に地方において根強かった。たとえば「在り方懇」報告後の第一五四国会の衆議院文部科学委員会（二〇〇二年七月三日）において、達増拓也委員（民主党）は「各地域の中で模範学校たらんとして努力した先人、先輩の努力の積み重ね、そうしたものに基づいて、有形無形のインフラとして附属学校というのは地域の中に存在している」として、「在り方懇」で打ち出された統廃合の方針に異を唱えている。これに対して文部科学副大臣の岸田文雄が、附属学校は「地域においては指導的あるいはモデル的学校としての役割を果たしているというふうに認識しています」と引き取ったうえで「当該大学において広い意味での教育研究上真に必要だということであるならば、これは存続していくということは考えられる」と応じている。事実、この後の展開においては、附属学校園の規模の縮小や、再編による転換（東京学芸大学の附属国際中等教育学校の設立などがその好例）は相当に行われたものの、単純な「廃止」には至ってはいない。

ただしその後も、政策審議の場において「エリート校」化した附属学校の存在に疑義を呈する見方は、通奏低音のように続いている。たとえば第一次安倍内閣が教育基本法を改めた後に教育関連の法案を審議していた衆議院の教育再生に関する特別委員会（二〇〇七年四月二六日）においては、特に教員養成系大学・学部に関することがらが審議の俎上にのぼり、そこで田島一成委員（民主党）は「教育大学のために附属があるはずなのに、今や完全なお受験校になってしまった」とし、実習校としても十全に機能していない状況を指摘したうえで「こんな状態の中で、附属高校、附属中学、附属学校が本当に必要なのかどうか」と政府の姿勢を糺している。この時は、参考人として招致されていた高倉翔（「在り方懇」主査）が同報告書において「附属の問題については非常に厳しい内容を盛り込」んだ結果として「今は国立大学、教員養成大学の大学学部の附属というのはかなり本来の役割をするようになってきております。しかし、まだそうならないところもあるんだという御指摘かと思います」と応じている。田島はさらに、同年五月一〇日の同委員会においても受験偏差値のデータを示して国立教員養成系大学・学部の附属学校が「受験で入るには非常に難関校である」実態を糾弾しているのである。

この後、二〇一六年八月にやはり「高等教育局長決定」で「国立教員養成大学・学部、大学院、附属学校の改革に関する有識者会議」が設置され、同会議は翌二〇一七年八月二九日に報告書を出している。この報告書では附属学校の在り方にさらに踏み込んで「国立大学附属学校は、地域のモデル校としての役割が期待される一方、一般に入学者選考を行い、地域の公立学校とは児童・生徒の構成が異なっているために地域のモデル校にはなり得ないとの意見もあり、入学者選考の実施方法を含む国立大学附属学校の在り方や役割を改めて見直すことが必要である」という文脈で改善を求められているのである。

2 附属学校園の改革と展開

日本教育大学協会の動き

以上述べてきたような動向に対し、附属学校園の側はどのように対応したのだろうか。

国立大学の附属学校園の連合体としては、大きく全国国立大学附属学校連盟（全附連）と日本教育大学協会（教大協）の附属学校委員会（前身は第二常置委員会・附属学校に関する調査検討部会）の二つがある。前者が附属学校だけの連合体であるのに対し、後者は大学・学部も含めた教育系大学全体の集まりの中に組織されており、大学・学部の運営との関連がより強く意識されているという性格の違いがある。実際、教大協の副会長のうち一名は附属学校の代表者が務めている。

「在り方懇」の時期から、二〇〇四（平成一六）年の国立大学法人化の前後にかけて、教大協では附属学校の在り方をめぐる調査研究が盛んに行われている。教大協第二常置委員会では、「『附属学校園の役割』に関するアンケートについて」（二〇〇一年九月、『会報』八四号）、「国立大学法人化に伴う附属学校園の中期目標・中期計画に関する調査」（二〇〇四年三月、『会報』八八号）、「国立大学法人化後の附属学校園における改革の現状と展望に関する調査」（二〇〇六年三月、『会報』第九二号）など、会員大学・学部と附属学校園を対象とした調査研究とその考察・提言を公表してきている。

たとえば二〇〇五年度の調査（二〇〇六年報告書）においては、会員五五大学の附属二六一校園に調査票を送付し、二四四校園（九三％）の回答を得ている。調査項目は大きく「Ⅰ附属学校園の存在意義」「Ⅱ附属学校園と大学・学部との連携・協力」「Ⅲ特色ある学校づくり」「Ⅳ教育環境の整備」「Ⅴ法人化後の教員の雇用条件等」「Ⅵ教員の人事」の六つを軸になされているが、そのうち「Ⅰ」では「在り方懇」以来の附属学校に突きつけられた改革課題に対する当事者の受け止めがまとめられている。たとえば「同一校種複数校」の見直しに関わる制度改革については多くの学校園で検討がなされてはいるものの「取り組んでいる学校はまだ少ない」とされ、規模の縮小に対しては学級数の減ではなく「学級定数減」を希望する学校が多いものの「実現は難しい」と分析されている。

また、教大協の組織改革に伴って附属学校委員会となってからの二〇〇九年一二月の報告書「大学・学部の附属学校園における改革の現状と問題点：今後の展望に関する調査報告書」は、会員大学の学長・学部長を対象に教大協附属学校委員会が行った調査と、全附連が行った校園長・副校園長を対象とした調査とを比較検討する形で「組織・制度改革」「研究開発」「予算」のそれぞれについて分析と考察を行っている。こうした提言の結果が、具体的な施策が行われていく際の予算の策定等の場面において、エビデンスとして取り入れられている部分もある。

東京学芸大学における附属学校園の改革：その背景

二一世紀に入ってからの東京学芸大学における附属学校園の改革は、以上述べてきたような「風当たり」「外圧」と、それを受けて策定された政策の流れに沿って行われてきている。そうした流れの中で、東京学芸大学の独自な事情として大きなものを以下に二つあげておこう。

「在り方懇」で槍玉に挙げられた「同一校種複数校」について、東京学芸大学には、世田谷（旧・第一師範男子部）・竹早（旧・第一師範女子部）・小金井（旧・第二師範）・大泉（旧・第三師範）の四校地に、それぞれ附属の小学校と中学校をもっており、「見直し」のメイン・ターゲットとも目された。各附属学校は、前身となった師範学校以来の経緯や伝統をもち、それぞれに教育実践研究や教育実習指導において蓄積をもっていた。東京学芸大学ではその特性を活かし、それぞれの附属の独自性を打ち出す方向で改革を行っていった。このように対応することで、「同一校種複数校」見直しの機運に対して「それぞれ特色ある課題に取り組む」附属学校、という発信で対抗する形となったのである。世田谷は旧第一師範以来の教科ごとの授業研究に重きを置き、一方竹早は旧第一師範女子部の流れを汲んで古くから附属幼稚園をもっていることから「幼・小・中」一貫という持ち味がある。のみならず竹早は東京学芸大学のキャンパスの中では最も都心に位置することから、サテライトキャンパスとしての活用も行われるに至った。小金井は大学と隣接する地の利を活かして大学との教育面・研究面の強化を打ち出し、大泉はながらく帰国子女の受け入れを行ってきた蓄積に立って国際性を表に出すという展開は、こうした事情を背景としている。

もうひとつ、東京学芸大学の附属学校園に独自の点としては、教育委員会との人事交流のありようが挙げられる。前掲の教大協第二常置委員会の報告書では、二〇〇五年度時点において「都道府県教育委員会との人事交流」を「行っている」と回答した附属学校園は九四・二%にのぼり、うち八四・八%はそうした人事交流を「見直す予定がない」としている。しかしながら東京学芸大学の附属学校園においては、こうした人事交流は部分的な実施にとどまり、多くの教員は国立大学法人東京学芸大学で独自に採用されている。

こうした人事交流は、もとをたどれば旧の師範学校が府県立であった時代からの経緯に根ざす。一九四三年に師範学校が官立に移管されたことで府県の教育行政と附属学校との関係は制度的には途切れるものの、多くの国立教員養成系大学・学部においては戦後も、地元の公立学校の教員が国立教員養成系大学・学部の附属学校に派遣される形の交流人事が主流をなしてきた。このことは、教育委員会と附属学校の関係強化という点ではメリットをもつ半面、附属学校教員が短い任期で入れ替わるために、実習指導にしても実践研究にしても継続性に難があるというデメリットも持ち合わせている。この点、東京学芸大学の附属学校園の教員には勤続年数の長い者が多く、中長期的な見通しをもった教育実践研究や、安定的な教育実習の運営にとっては好ましい条件をもつともいえるのである。

3　次世代教育を切り拓く附属学校園

附属学校園をめぐる近年の状況

大学設置基準において、国立教員養成大学・学部には附属学校を置くことが義務づけられているが、ここ数年、附属学校園に対する厳しい意見が中央教育審議会などで出されている。附属学校園は、存続のためのさらなる改革の必要性が叫ばれるという状況にある。

中央教育審議会では、教員研修機能、教育研究開発機能、地域貢献機能のさらなる強化や、大学との連携強化など改革の方向性が示されている。特に教育研究開発機能の強化については、公立学校では行うことが難しいような研究開発に取り組むことが強く求められ、インクルーシブ教育や校種間をまたぐ研究など、社会の要請に応える教育研究や開発などを大学との連携を強化する方向で実施することが求められている。それは本学附属学校園も例外ではない。

四つの力をもつ子どもの育成と地区ごとの特色

このように、教員養成大学・学部の附属学校園については社会から厳しい目も向けられているが、東京学芸大学に一一ある附属学校園は、それぞれの伝統に基づいた独自性を活かし日々改革への努力を積み重ねている。

二〇一七（平成二九）年、出口利定学長は学長裁定として、協働して課題を解決する力、多様性を尊重する力、自己を振り返り、自己を表現する力、新しい社会を創造する力の四つの力をもった次世代の子どもを育成する教育を附属学校園で推進すると定めた。これまでの活動に加え、新たな社会を創造し築いていく力をもった人の育成のための次世代教育を切り開き、研究する実践推進役として附属学校園を位置づけたのである。

東京学芸大学では、第三期中期目標・中期計画の中で、附属学校園に関するこれらの目標を達成するための措置を定めた。特に、附属学校園が所在する各地区において実施する特色ある教育研究を大学における教育と研究に反映させながら進展させ、その成果を全国に発信するとともに、地域社会に還元していく地域拠点校・モデル校となることが掲げられている。

小金井地区は、大学と同じ小金井キャンパスに附属学校園が位置するという特色を生かして、大学と一体となった研究および教育実践のフィールドとして積極的に活用する場に位置づけられた。

世田谷地区については、先導的な教育の試みを実践することで、これからの新しい教育のあり方を研究する場と位置づけ、地域の拠点校としても現職教員研修を積極的に行う場とすることが掲げられた。

大泉地区は、附属国際中等教育学校を中心にして、日本社会のグローバル化に対応した教育を先導的に行う場とするとともに、全国の国際バカロレア教育を推進する拠点とすることが掲げられた。

竹早地区は、附属幼稚園竹早園舎（二年）・附属竹早小学校（六年）・附属竹早中学校（三年）の一一年間にわたる幼小中一貫教育に関する先導的研究を行う場とし、子ども一人ひとりの個性を活かす多様な教育のあり方を研究する場とすることが掲げられた。

東久留米地区は、附属特別支援学校を中心に、特別支援教育の先導的研究と実践とを、大学と一体となって進める場とすることが掲げられた。

このように、本学の附属学校園は、所在する地区ごとに特色を出しながら、次世代育成教育を切り開き、実践する場として明確に位置づける方向性が掲げられた。大学と附属学校園との共同研究も盛んに行われ、新しい指導法を附属学校に導入しながら、それらを身につけるための質の高い教育実習を実施することもめざされている。また、そこで得られた新しい知見を、次世代教育の方法に組み込む研究や学部授業へのフィードバックなどを、大学と附属学校が協働して行うなど意欲的な改革方針が打ち出されている。

以下、附属学校園における研究活動を理解するために、二〇二二年度における各学校園の公開研究会の概要を中心に見ていくことにしよう。そこには、さまざまな教育課題に直面しその解決に取り組みながら、次世代教育を切り拓こうとする附属学校園の姿が見えてくる。

附属世田谷小学校

附属世田谷小学校では、「「学びを自分でデザインする子ども」を育む教育課程の創造―Laboratoryにおける学習環境デザイン―」を研究テーマに掲げ、「学びを自分でデザインする子ども」を育む教育課程のために、新たに、Home（異学年学級）、Laboratory（探究）、Class（教科）の三領域を構想する実践を進めている。

探究を充実させる教科学習のあり方、次世代を創るうえで必要になる異質な他者との生活のつくり方を軸に、学習環境デザインを整えた際のカリキュラム・マネジメントの研究を進めている。

附属世田谷中学校

附属世田谷中学校では、「情報活用能力を育むモデル単元の開発─資質・能力をベースとした教科横断による実践を通して─」を研究テーマに掲げ、生徒一人ひとりの情報活用能力の育成を着眼点とした研究に取り組んでいる。情報活用能力を視点に各教科の授業実践を再考し、資質・能力ベースでのプロジェクトを立ち上げ、教科横断の授業実践を進めながらモデル単元の開発を進めている。

写真Ⅸ-1　東京学芸大学附属世田谷小学校『自分の学びに自信がもてる子ども』（東洋館出版社、2018年）

附属高等学校

附属高等学校では、育てたい生徒像として「多様な分野でイノベーションを引き起こし、国際社会に貢献する人間」を掲げており、これまでに、文部科学省のＳＳＨ（スーパーサイエンスハイスクール）、ＳＧＨ（スーパーグローバルハイスクール）コンソーシアム事業に参画してきた。

また、高等学校において観点別学習状況の評価が本格的に導入されたことに鑑み、「コンピテンシー・

ベースのカリキュラム開発」を研究主題に掲げ、教科ごとの「学びの本質」を見きわめつつ、資質・能力を育成する授業のあり方やパフォーマンス評価法の開発を進めている。

附属幼稚園（小金井園舎）

附属幼稚園（小金井園舎）では、二年間にわたり「人との関わりを通した幼児の学びを再考する」を研究テーマに掲げている。幼児の人間関係に着目し、新型コロナウイルス感染症予防として密を避ける環境下においても幼児の学びを保障するための保育計画、環境構成、教材、援助、評価などについて実践を通した研究を進めている。新たな生活様式の中で学び合う幼児の育ちを捉え、教育計画の見直しを行うなど、コロナ禍における新たな幼児教育の研究を進めている。

附属小金井小学校

附属小金井小学校では、「こえる学びの拡張―子供が他者と「紡ぐ・解す」関わりを通して―」を研究テーマに掲げ、これまで取り組んできた「「こえる学び」を生む学習環境デザインの追究」の研究成果をさらに具現化することを目的に実践研究を行っている。一人ひとりの子どもが、教科の中で身につける汎用的スキルに着目しながら、その力が教科を横断して学習活動の中で発揮されたり、生活のさまざまな場面で発揮されたりすることをめざし、研究が進められている。

附属小金井中学校

附属小金井中学校では、「探究的に学ぶ生徒を育てるための学校カリキュラムや次世代人材育成の在り方の研究―今日的な学校教育課題を解決するための五つの教育設計を通して―」をテーマに研究を進めている。「ＩＣＴ活用教育」「特別支援教育」「総合的な学習の時間・特別活動連携教育」「教師教育」「地域連携学習」の五つの課題を結びつけながら、地域の学校への還元を意識した教育研究を推進している。

附属大泉小学校

附属大泉小学校では、「児童が概念的に学びをつなぐ探究プログラムと教科学習―国際バカロレア（ＩＢ）の理念を生かした教育実践―」をテーマに、文部科学省研究開発指定学校として五年間取り組んだ新教科「探究科」創設の取り組みを生かし、子どもの学びの中心に位置する探究プログラムのあり方について、またその探究プログラムに概念的につながる形での教科学習の指導の工夫について研究を進めている。二〇二二年八月に、国際バカロレア教育初等教育プログラム（ＰＹＰ：Primary Years Programme）の認定校「ＩＢワールドスクール」となった。

附属国際中等教育学校

附属国際中等教育学校は、二〇一〇年に全国の国公立中学校・高等学校・中等教育学校で初めて国際バカロレアＩＢワールドスクールに認定され、これまでにＳＳＨ、ＳＧＨにも指定されてきており、現在はＷＷＬ（ワールドワイドラーニング）コンソーシアム事業連携校にもなっている。同校では、「「学びの転移」を促す概念・文脈の活用―国際バカロレア（ＩＢ）の教育システムを活かした探究学習―」を研究テーマに掲げ授業研究を進めており、ＩＢでＡＴＴ（Approaches to Teaching）として規定される教育原理のうち、概念に重点をおく指導、文脈化された指導における「概念」と「文脈」に焦点をあて、学習活動においてどのように「学びの転移」が促されているかを検証する実証研究が進められている。

附属幼稚園（竹早園舎）　附属竹早小学校　附属竹早中学校

先にも述べたように竹早地区にある三校園は、幼小中一貫教育に関する先導的研究を行う場として位置づけられている。二〇二〇年度より、大学主導の形で産官学連携プロジェクトである「未来の学校みんなで創ろう。PROJECT」が進められている。「一〇年後の学校モデル」を創ることを目的に、附属学校園、東京学芸大学、企業、教育委員会がワンチームで取り組む研究で、新しい技術を取り入れた授業実践や一〇年後の学校像などについて研究が進められている。二〇二三年度より第二期に入り、大きく三つのチームに分かれて未来の学校について多角的な研究が進められている。

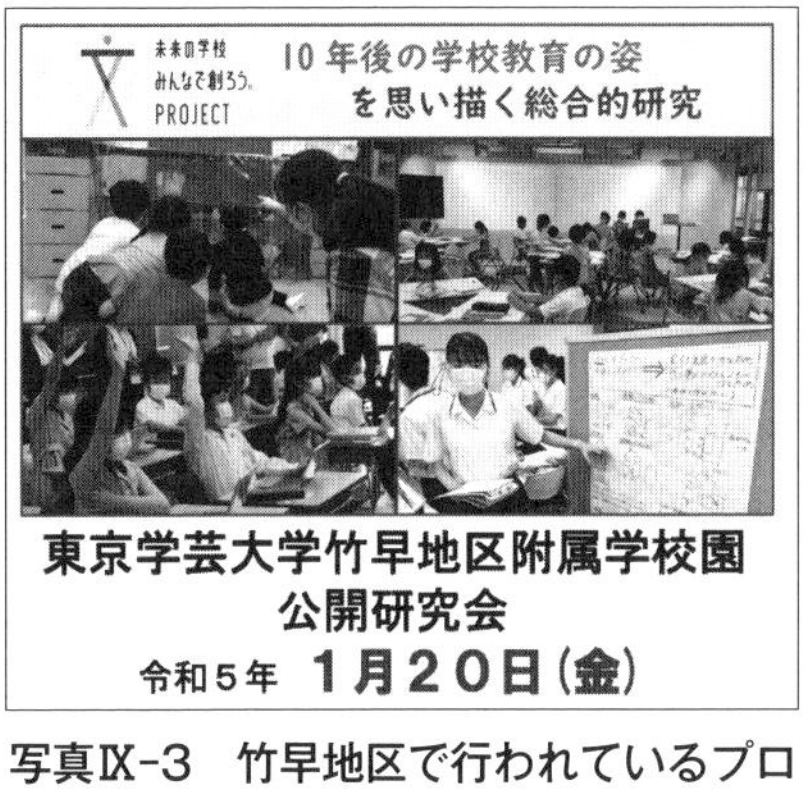

写真Ⅸ-3　竹早地区で行われているプロジェクト研究（2023年1月20日）

附属特別支援学校

東久留米市にある附属特別支援学校では、二〇二〇年度から取り組んでいる研究テーマ「一人ひとりの未来を支える生涯発達支援学校」を継続して研究活動を進めている。

二〇二二年度からは新たにＱＯＬ（Quality of Life）の視点を取り入れ、卒業後を見据えた「健やかな心と体」を育むために必要な支援について、幼稚部から高等部までを視野に入れた支援の具体的検討と実践研究を進めている。

あとがき

本書は、一八七三（明治六）年に創基した東京学芸大学一五〇年の歴史をたどる歴史書であり、本学学生の「自校史」教育に資するために編纂した教育書でもある。この本学の歴史をたどるということは、本学の成り立ちからして、わが国の近代以降の教員養成史を紐解くということにも通じるものとなる。これは、本書をお読みいただいた読者には、よくおわかりいただけるだろう。

執筆者たちが述べてきたように、本学は戦後日本の教員養成が「開放制」を採る中で、教員の目的養成を主たる任務とする大学であり、その点で他の多くの大学とはやや異なる位置にある。戦前の師範学校以来、本学は、常に国の教育行政、学校政策、教員養成政策の直接的影響を受けてきた。日本の国立大学は、二〇〇四年の法人化以来新たなあり方を求められてきたが、本学の場合には、これにめまぐるしく変化する教員養成政策、あるいは学習指導要領の改訂などの要素が加わり、その度に大学の組織体制やカリキュラムの「改革」に取り組まざるをえなかった。確かに、その過程では学内にもさまざまな意見があった。しかし本学は、その何重もの外的枠組みと条件に規定されながらも、あくまで研究を基盤とした本学ならではの大学教育を進めてきたし、その営みは、これからも続く。

執筆に携わったのは、國分充学長の「ご挨拶」にあるとおり、本学の歴史学・教育学・博物館学等に従事する研究者たちである。ともに本学に勤務する者たちであり、「一五〇周年史」への想いは同じでありながら、学問領域の違いなどから執筆の手法、関心のあり方は微妙に異なり、全体の構成の取り方、執筆上の調整のために多くの議論を積み重ねて修正を行い、本書の完成をみた。刊行にあたっては、東京学芸大学基金に拠った。本書は、多様なニーズを踏まえ、紙媒体で発行するとともに、東京学芸大学のウェブサイトからＰＤＦファイルで閲覧できるものとした。出版社にとっては、かなり不利な条件となるにもかかわらず、このような特殊な刊行方式を快諾いただいた学文社には、心からお礼を申し上げたい。

また、本書の特徴をもう一つ示しておく。本書は、『東京学芸大学一五〇年の歩み』として一つの冊子のまとまりをもつが、紙幅の限界から入れ込めない資料・画像のデータについては本学「東京学芸大学教育コンテンツアーカイブ」に収録しており、参照されたい。このように師範学校に遡る一五〇年の資料をデジタル化して保存・公開することも「創基一五〇周年史」事業の一環であり、冊子とデジタル・アーカイブを連動させることにより、「創基一五〇年」の区切りは、本学の歴史と未来をつなげる「結節点」となった。これからも本学の資料収集・保存・公開は、これを機に発展し続ける。その中心を担うのが、「東京学芸大学大学史資料室」である。ここでは、本学の歴史上重要な資料を収集・保存・公開してきているが、これらのデジタル・アーカイブによる公開も担っている。この大学史資料室は、二〇二一年度より本学附属図書館三階に移転し、常設展を開催している。

本学一五〇年の歴史を振り返るにあたって、紙幅の関係からここに取り上げることのできなかった活動や業績は多い。本学では長年にわたり、学生と教職員が常に意欲と情熱をもって自律的な活動を営み、それこそが本学を支える原動力となってきた。その豊かな成果をすべて取り上げることができなかったことは、執筆者一同の悔やまれる点であるが、関係者のみなさまには、意のあるところをお汲み取りいただき、何卒ご海容を願いたい。

本書の完成には、執筆者以外にも、多くの本学事務局職員の協力を得たが、最後に編集責任者として、特に三人の方の名前を挙げることをお許しいただきたい。学術情報課副課長兼アーカイブ室長の瀬川結美さん、大学史資料室専門研究員の牛木純江さん、そして学文社編集部の落合絵理さんである。執筆・編集過程で生じたさまざまな問題を解決し、膨大な編集作業と各執筆部分の調整を行うこの三人の献身的な努力がなければ、本書が日の目を見ることはなかった。奇しくもこの三人は、ほぼ同世代の本学卒業生たちである。その素晴らしい連携に、心からの敬意を表し、深く感謝を申し上げる。

編集責任者として　川手　圭一

沿革図①（師範学校編）

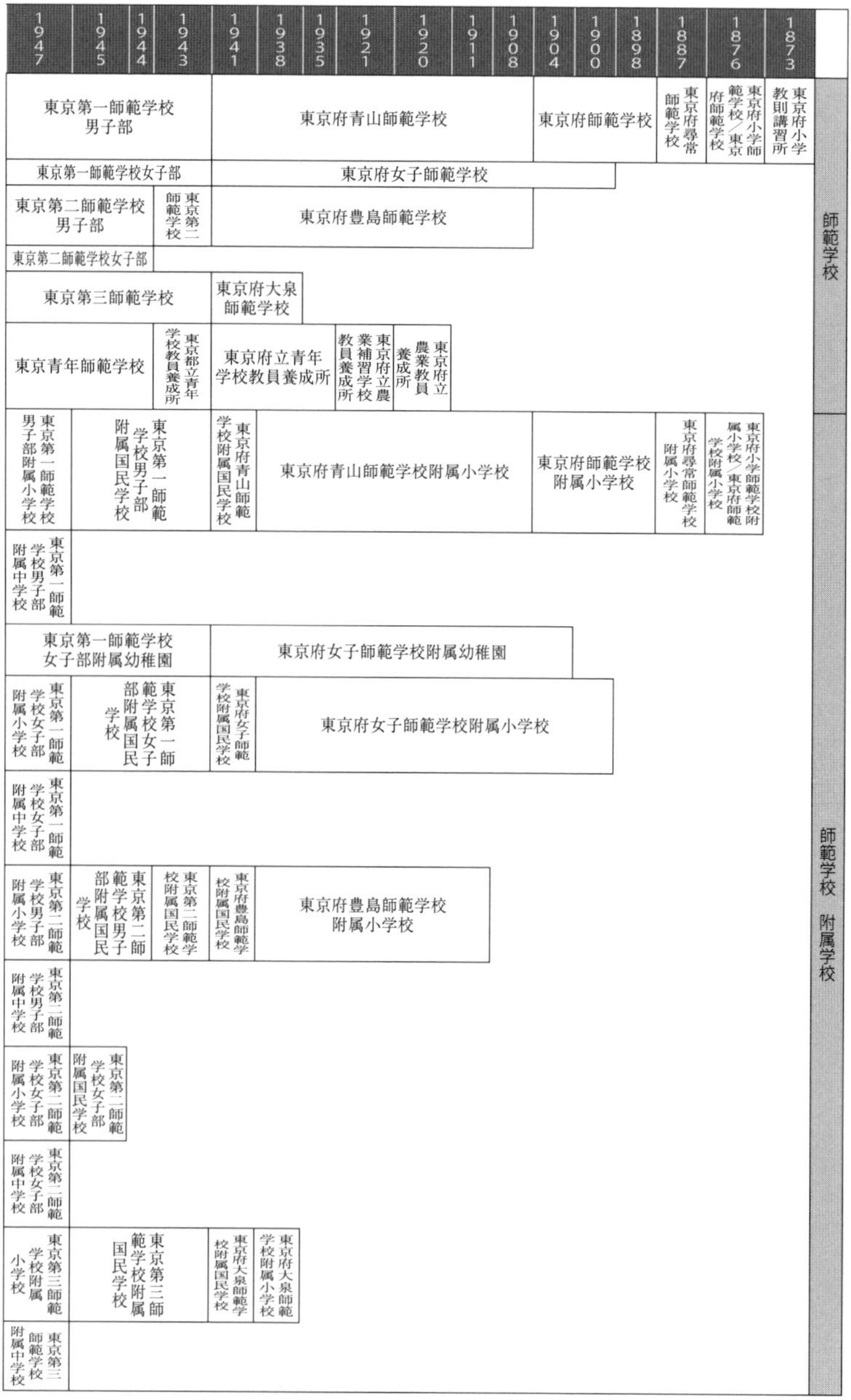
1947
1945
1944
1943
1941
1938
1935
1921
1920
1911
1908
1904
1900
1898
1887
1876
1873
師範学校
東京第一師範学校男子部
東京府青山師範学校
東京府師範学校
東京府尋常師範学校
東京府小学師範学校／東京府師範学校
東京府小学教則講習所
東京第一師範学校女子部
東京府女子師範学校
東京第二師範学校男子部
東京第二師範学校
東京府豊島師範学校
東京第二師範学校女子部
東京第三師範学校
東京府大泉師範学校
東京青年師範学校
東京都立青年学校教員養成所
東京府立青年学校教員養成所
東京府立農業補習学校教員養成所
東京府立農業教員養成所
師範学校 附属学校
東京第一師範学校男子部附属小学校
東京第一師範学校男子部附属国民学校
東京府青山師範学校附属国民学校
東京府青山師範学校附属小学校
東京府師範学校附属小学校
東京府尋常師範学校附属小学校
東京府小学師範学校附属小学校／東京府師範学校附属小学校
東京第一師範学校男子部附属中学校
東京第一師範学校女子部附属幼稚園
東京府女子師範学校附属幼稚園
東京第一師範学校女子部附属小学校
東京第一師範学校女子部附属国民学校
東京府女子師範学校附属国民学校
東京府女子師範学校附属小学校
東京第一師範学校女子部附属中学校
東京第二師範学校男子部附属小学校
東京第二師範学校男子部附属国民学校
東京第二師範学校附属国民学校
東京府豊島師範学校附属国民学校
東京府豊島師範学校附属小学校
東京第二師範学校男子部附属中学校
東京第二師範学校女子部附属小学校
東京第二師範学校女子部附属国民学校
東京第二師範学校女子部附属中学校
東京第三師範学校附属小学校
東京第三師範学校附属国民学校
東京府大泉師範学校附属国民学校
東京府大泉師範学校附属小学校
東京第三師範学校附属中学校

沿革図② (東京学芸大学編)

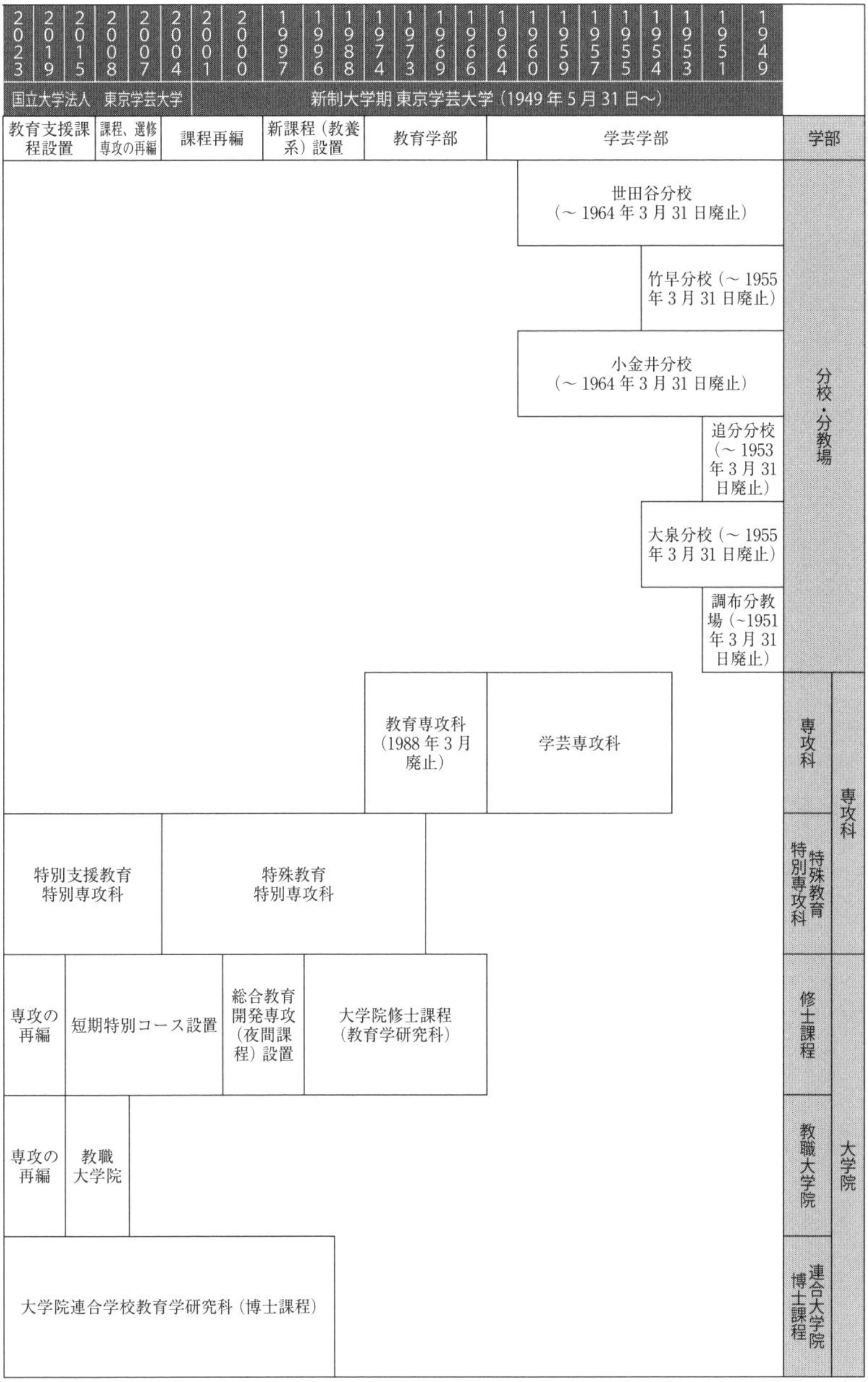

沿革図③（附属学校編）

年：2023 / 2019 / 2015 / 2008 / 2007 / 2004 / 2001 / 2000 / 1997 / 1996 / 1988 / 1974 / 1973 / 1969 / 1966 / 1964 / 1960 / 1959 / 1957 / 1955 / 1954 / 1953 / 1951 / 1949

附属学校	校種	国立大学法人　東京学芸大学（2004～）	新制大学期 東京学芸大学（1949年5月31日～）		
世田谷地区	小学校	東京学芸大学附属世田谷小学校	東京学芸大学教育学部附属世田谷小学校	東京学芸大学学芸学部附属世田谷小学校	東京学芸大学東京第一師範学校世田谷附属男子部小学校
世田谷地区	中学校	東京学芸大学附属世田谷中学校	東京学芸大学教育学部附属世田谷中学校	東京学芸大学学芸学部附属世田谷中学校	東京学芸大学東京第一師範学校世田谷附属中学校
世田谷地区	高等学校	東京学芸大学附属高等学校	東京学芸大学教育学部附属高等学校	東京学芸大学学芸学部附属高等学校（1954～1964年、世田谷と竹早の2ヶ所に校舎を設置、1964年に世田谷に統合）	
竹早地区	幼稚園	東京学芸大学附属幼稚園竹早園舎	東京学芸大学教育学部附属幼稚園竹早園舎 / 東京学芸大学教育学部附属幼稚園（竹早）	東京学芸大学学芸学部附属幼稚園（竹早） / 東京学芸大学学芸学部附属幼稚園	東京学芸大学東京第一師範学校附属幼稚園
竹早地区	小学校	東京学芸大学附属竹早小学校	東京学芸大学教育学部附属竹早小学校	東京学芸大学学芸学部附属竹早小学校	東京学芸大学東京第一師範学校女子部竹早附属小学校
竹早地区	中学校	東京学芸大学附属竹早中学校	東京学芸大学教育学部附属竹早中学校	東京学芸大学学芸学部附属竹早中学校 / 東京学芸大学学芸学部附属中学校（附属追分中学校と併合） / 東京学芸大学学芸学部附属竹早中学校	東京学芸大学東京第一師範学校竹早附属中学校
豊島地区	小学校			東京学芸大学学芸学部附属豊島小学校（～1964年閉校）	東京学芸大学東京第二師範学校豊島附属小学校
小金井地区	幼稚園	東京学芸大学附属幼稚園小金井園舎	東京学芸大学教育学部附属幼稚小金井園舎 / 東京学芸大学教育学部附属幼稚園（小金井）	東京学芸大学学芸学部附属幼稚園（小金井） / 東京学芸大学学芸学部附属幼稚園小金井園舎	
小金井地区	小学校	東京学芸大学附属小金井小学校	東京学芸大学教育学部附属小金井小学校	東京学芸大学学芸学部附属小金井小学校	
小金井地区	中学校	東京学芸大学附属小金井中学校	東京学芸大学教育学部附属小金井中学校	東京学芸大学学芸学部附属小金井中学校	東京学芸大学東京第二師範学校小金井附属中学校
追分地区	小学校			東京学芸大学学芸学部附属追分小学校（～1961年閉校）	東京学芸大学東京第二師範学校追分附属小学校
追分地区	中学校			東京学芸大学学芸学部附属附属追分中学校（～1954年廃止）	東京学芸大学東京第二師範学校追分附属中学校
大泉地区	小学校	東京学芸大学附属大泉小学校	東京学芸大学教育学部附属大泉小学校	東京学芸大学学芸学部附属大泉小学校	東京学芸大学東京第三師範学校大泉附属小学校
大泉地区	中学校	東京学芸大学附属国際中等教育学校 / 東京学芸大学附属大泉中学校	東京学芸大学教育学部附属大泉中学校	東京学芸大学学芸学部附属大泉中学校	東京学芸大学東京第三師範学校大泉附属中学校
大泉地区	高等学校	東京学芸大学附属国際中等教育学校 / 東京学芸大学附属高等学校大泉校舎	東京学芸大学教育学部附属高等学校大泉校舎		
東久留米地区	特別支援学校	東京学芸大学附属特別支援学校 / 東京学芸大学附属養護学校	東京学芸大学教育学部附属養護学校	東京学芸大学学芸学部附属養護学校 / 若竹学級（東京学芸大学学芸学部附属中学校内に設置）	

年　表

西暦(年)	和暦(年)	本学関係の動き	教育行政・教育界の動き
1872	明治 5		東京に官立師範学校設置／学事奨励二関スル太政官布告。学制公布
1873	明治 6	東京府小学教則講習所開設	
1876	明治 9	3 月 東京府小学師範学校に改称 9 月 東京府小学師範学校附属小学校開設 11月 東京府師範学校、東京府師範学校附属小学校に改称	
1879	明治 12		教育令施行（学制廃止）
1880	明治 13		教育令改正
1881	明治 14		小学校教員心得公布 師範学校教則大綱制定
1883	明治 16		府県立師範学校通則制定
1885	明治 18		内閣制度創設、初代文部大臣に森有礼
1886	明治 19		帝国大学令、師範学校令、中学校令、小学校令制定（教育令廃止） 教科用図書検定条例制定
1887	明治 20	1 月 東京府尋常師範学校、東京府尋常師範学校附属小学校に改称	教科用図書検定規則制定
1889	明治 22	8 月 東京市小石川区竹早町に移転	
1890	明治 23		教育ニ関スル勅語（教育勅語）公布
1891	明治 24		小学教則大綱制定
1893	明治 26		実業補習学校規程制定
1897	明治 30		師範教育令制定（師範学校令廃止）
1898	明治 31	4 月 東京府師範学校、東京府師範学校附属小学校に改称	
1900	明治 33	2 月 東京市小石川区竹早町に東京府女子師範学校開設 4 月 東京府女子師範学校附属小学校開設 9 月 東京府師範学校、東京市赤坂区青山北町に移転	小学校令改正（義務教育を 4 年に統一）
1902	明治 35		臨時教員養成所官制公布
1903	明治 36		小学校国定教科書令公布
1904	明治 37	5 月 東京府女子師範学校附属幼稚園開設	
1907	明治 40		小学校令改正（義務教育を 6 年に統一） 師範学校規程制定
1908	明治 41	4 月 本科第一部（4 年）、二部（1 年）、予備科（1 年）となる 11月 東京府青山師範学校、東京府青山師範学校附属小学校に改称 北豊島郡巣鴨村大字池袋に東京府豊島師範学校開設	
1911	明治 44	4 月 本科二部設置（1 学級） 東京府豊島師範学校附属小学校開設	
1917	大正 6		臨時教育会議開始
1918	大正 7	3 月 東京府青山師範学校に附属商業補習学校、東京府豊島師範学校に附属農業補習学校開設	
1920	大正 9	4 月 西多摩郡青梅町に東京府立農業教員養成所開設	実業補習学校規程改正
1921	大正 10	3 月 東京府立農業教員養成所廃止 4 月 東京府立農業補習学校教員養成所開設	
1922	大正 11		臨時教員養成所再設置
1925	大正 14	4 月 予備科廃止、本科第一部 5 年制に	師範学校規程改正（第一部 5 年制発足） 陸軍現役将校学校配属令公布

西暦(年)	和暦(年)	本学関係の動き	教育行政・教育界の動き
1926	大正15／昭和元	4月 各師範学校に専攻科設置	
1931	昭和6	4月 本科第二部修業年限が2ヶ年に	師範学校規程改正（第二部2年制発足）
1935	昭和10	4月 東京府立青年学校教員養成所発足	青年学校令公布
1936	昭和11	4月 東京府青山師範学校、世田谷区下馬町に移転 9月 東京府北多摩郡東久留米村に成美荘開設	
1937	昭和12	4月 東京府立青年学校教員養成所、目黒区駒場に移転	
1938	昭和13	4月 東京府大泉師範学校開設 9月 東京府大泉師範学校附属小学校開設	
1939	昭和14	4月 傷痍軍人東京小学校教員養成所、東京府大泉師範学校に併置 東京府立青年学校教員養成所は修業年限が3ヶ年となり、赤坂区青山北町（旧青山師範学校跡）に移転	
1940	昭和15	10月 東京府立青年学校教員養成所、北多摩郡調布町に移転	
1941	昭和16	4月 附属小学校はすべて附属国民学校に	国民学校令公布
1943	昭和18	4月 東京第一師範学校男子部、東京第一師範学校女子部、東京第二師範学校、東京第三師範学校にそれぞれ改称 7月 東京府立青年学校教員養成所から東京都立青年学校教員養成所に改称	師範教育令改正、新師範学校規程実施 東京都制公布
1944	昭和19	4月 文京区駒込東片町に東京第二師範学校女子部開設 東京第二師範学校男子部に改称 東京都立青年学校教員養成所から東京青年師範学校に改称 8月 東京第一師範学校附属幼稚園休園	師範学校規程改正
1945	昭和20	4月 東京第二師範学校女子部附属国民学校開設 空襲により東京第二師範学校男子部全校舎焼失 5月 空襲により東京青年師範学校校舎焼失 10月 傷痍軍人東京国民学校教員養成所、特設東京男子国民学校訓練養成所に改称	ポツダム宣言受諾 文部省「新日本建設の教育方針」発表
1946	昭和21	4月 専攻科廃止 5月 東京第二師範学校男子部、北多摩郡小金井町に移転	米国教育使節団第一次報告書発表 教育刷新委員会設置
1947	昭和22	4月 東京第一師範学校男子部附属国民学校を東京第一師範学校男子部附属小学校に、東京第一師範学校女子部国民学校を東京第一師範学校女子部附属小学校に、東京第二師範学校男子部附属国民学校を東京第二師範学校男子部附属小学校に、東京第三師範学校国民学校を東京第三師範学校附属小学校に、東京第二師範学校女子部国民学校を東京第二師範学校女子部附属小学校にそれぞれ改称 東京第一師範学校男子部附属中学校、東京第一師範学校女子部附属中学校、東京第二師範学校男子部附属中学校、東京第三師範学校附属中学校、東京第二師範学校女子部附属中学校開設	日本国憲法施行 教育基本法・学校教育法公布 文部省「学習指導要領一般編—試案—」発行 新制小学校・新制中学校発足
1948	昭和23		新制高等学校発足／教育委員会法発布

西暦(年)	和暦(年)	本学関係の動き	教育行政・教育界の動き
1949	昭和 24	5 月 国立大学設置法により、東京学芸大学設置、5 分校（世田谷、竹早、小金井、大泉、追分）、1 分教場（調布） 一部（4 年課程）：初等教育学科、中等教育学科、二部（2 年課程）：初等教育学科、中等教育学科、幼稚園教育学科設置 東京学芸大学東京第一師範学校世田谷附属小学校、東京学芸大学東京第一師範学校世田谷附属中学校、東京学芸大学東京第一師範学校女子部附属幼稚園、東京学芸大学東京第一師範学校女子部竹早附属小学校、東京学芸大学第一師範学校竹早附属中学校、東京学芸大学東京第二師範学校豊島附属小学校、東京学芸大学東京第二師範学校小金井附属中学校、東京学芸大学東京第三師範学校大泉附属小学校、東京学芸大学東京第三師範学校大泉附属中学校、東京学芸大学東京第二師範学校追分附属小学校、東京学芸大学東京第二師範学校追分附属中学校にそれぞれ改称 7 月 第一回入学式	教育職員免許法・文部省設置法・国立学校設置法公布 日本教育大学協会発足 教育刷新委員会、教育刷新審議会に改称
1950	昭和 25	5 月「東京学芸大学学則」制定	国立大学協会発足 第二次米国教育使節団来日
1951	昭和 26	3 月 東京第一師範学校、東京第二師範学校、東京第三師範学校、東京青年師範学校廃止（調布分教場廃止） 4 月 東京学芸大学学芸学部附属世田谷小学校、東京学芸大学学芸学部附属世田谷中学校、東京学芸大学学芸学部附属幼稚園、東京学芸大学学芸学部附属竹早小学校、東京学芸大学学芸学部附属竹早中学校、東京学芸大学学芸学部附属豊島小学校、 東京学芸大学学芸学部附属小金井中学校、東京学芸大学学芸学部附属大泉小学校、東京学芸大学学芸学部附属大泉中学校、 東京学芸大学学芸学部附属追分小学校、東京学芸大学学芸学部附属追分中学校にそれぞれ改称	学習指導要領（小・中・高）第一次改訂
1952	昭和 27	4 月「東京学芸大学カリキュラム」策定・実施 特別教科（書道）教員養成課程（4 年課程）設置	中央教育審議会（中教審）設置（教育刷新審議会廃止）
1953	昭和 28	3 月 追分分校廃止 4 月 聾学校教員養成課程（2 年課程）設置	
1954	昭和 29	4 月 学芸専攻科（教育専攻、芸術・書道専攻）設置 附属竹早中学校と追分中学校を廃止し、附属「新設」中学校を設置 東京学芸大学学芸学部附属高等学校開校 （世田谷区下馬に本部、文京区竹早町に竹早校舎） 6 月 附属「新設」中学校に特殊学級（若竹学級）開設	義務教育諸学校における教育の政治的中立の確保に関する臨時措置法・教育公務員特例法の一部を改正する法律（教育二法）公布
1955	昭和 30	3 月 竹早分校、大泉分校廃止 4 月 2 年課程廃止、初等教育学科の選択必修として「教育・心理」設置 「東京学芸大学カリキュラム」第一次改訂 附属「新設」中学校を附属中学校に改称	学習指導要領（高）第二次改訂
1956	昭和 31		地方教育行政の組織及び運営に関する法律、新教育委員法公布・施行 初の全国学力調査
1957	昭和 32	3 月 附属小金井中学校池袋教室（1 学級）を小金井に統合 4 月 附属幼稚園小金井園舎開設	

西暦(年)	和暦(年)	本学関係の動き	教育行政・教育界の動き
1958	昭和 33	小金井分校、約 10 万坪の敷地を確保	学習指導要領（小・中）第二次改訂
1959	昭和 34	4 月 東京学芸大学附属小金井小学校開設	
1960	昭和 35	4 月 初等教育学科を初等教育教員養成課程、中等教育学科を中等教育教員養成課程にそれぞれ改称 特殊教育教員養成課程（聾教育専攻、養護学校教育専攻）を設置 臨時養護学校教員養成課程設置 学芸専攻科に保健体育専攻設置 附属中学校の特殊学級が独立し、附属養護学校開設 附属竹早中学校に改称	学習指導要領（高）第三次改訂
1961	昭和 36	3 月 附属追分小学校閉校 4 月 特別教科（美術・工芸）教員養成課程設置	学校教育法改正（高等専門学校設置等） 高校生急増対策法公布
1962	昭和 37	4 月 特別教科（音楽）教員養成課程設置	
1963	昭和 38	10月 附属言語指導研究施設（基礎部門）設置	教科書無償措置法公布
1964	昭和 39	3 月 世田谷分校、小金井分校廃止 附属図書館、小金井地区に統合 附属豊島小学校閉校 4 月 学芸学部を学芸部と教育部の 2 部生から、第一部、第二部、第三部の 3 部制に改組 附属幼稚園（竹早）、附属幼稚園（小金井）に改称	国立大学の学科及び課程並びに講座及び学科目に関する省令公布
1965	昭和 40	4 月 特別教科（保健体育）教員養成課程設置 附属大泉中学校に海外帰国子女教育学級開設	
1966	昭和 41	4 月 学芸学部を教育学部に、学芸専攻科を教育専攻科に改称 学部の課程として、初等教育教員養成課程（A 類）、中等教育教員養成課程（B 類）、特殊教育教員養成課程（C 類）、特別教科教員養成課程（D 類）を設置 大学院教育学研究科（学校教育専攻、数学教育専攻、理科教育専攻、英語教育専攻）修士課程設置 「東京学芸大学カリキュラム」第二次改訂 大学の学部名称変更に伴い、東京学芸大学教育学部附属世田谷小学校、東京学芸大学教育学部附属世田谷中学校、東京学芸大学附属高等学校、東京学芸大学教育学部附属幼稚園（竹早）、東京学芸大学教育学部附属竹早小学校、東京学芸大学教育学部附属竹早中学校、東京学芸大学教育学部附属養護学校、東京学芸大学教育学部附属幼稚園（小金井）、東京学芸大学教育学部附属小金井小学校、東京学芸大学教育学部附属小金井中学校、東京学芸大学教育学部附属大泉小学校、東京学芸大学教育学部附属大泉中学校にそれぞれ改称 6 月 東京学芸大学教育学部附属養護学校、東久留米に移転	東京学芸大学を除く他の 6 つの学芸大学は教育大学と改称、また各地の大学の学芸学部はすべて教育学部に改称
1967	昭和 42	4 月 幼稚園教員養成課程（E 類）設置 大学院教育学研究科に国語教育専攻、社会科教育専攻、音楽教育専攻設置 附属言語指導研究施設を附属特殊教育研究施設に改組・改称	
1968	昭和 43	4 月 大学院教育学研究科に美術教育専攻、保健体育教育専攻、家政教育専攻設置	学習指導要領（小）第三次改訂

西暦(年)	和暦(年)	本学関係の動き	教育行政・教育界の動き
1969	昭和 44	4 月 臨時肢体不自由児教育教員養成課程、特別教科（数学）教員養成課程設置 附属大泉小学校に海外帰国子女教育学級開設 10月 附属幼稚園（竹早）を竹早園舎、附属幼稚園（小金井）を小金井園舎と改称	学習指導要領（中）第三次改訂
1970	昭和 45	『東京学芸大学二十年史』刊行	学習指導要領（高）第四次改訂
1971	昭和 46	4 月 附属教育工学センター、保健管理センター設置	
1973	昭和 48	3 月 臨時養護学校教員養成課程および臨時肢体不自由児教育教員養成課程廃止 4 月 臨時情緒障害児教育教員養成課程および特殊教育特別専攻科（精神薄弱教育専攻）設置 10月 教育学部を第一部、第二部、第三部、第四部の 4 部制に改組	
1974	昭和 49	4 月 大学院教育学研究科に障害児教育専攻設置 10月 東京学芸大学教育学部附属高等学校大泉校舎設置、海外帰国子女学級開設	
1975	昭和 50	4 月 大学院教育学研究科に技術教育専攻設置 附属養護学校幼稚部開設	
1976	昭和 51	5 月 教育専攻科の音楽専攻、美術・工芸専攻、保健体育専攻廃止 附属教育実習研究指導センター設置	
1977	昭和 52		学習指導要領（小・中）第四次改訂
1978	昭和 53	4 月 全国共同利用施設海外子女教育センター設置	学習指導要領（高）第五次改訂
1979	昭和 54	4 月「東京学芸大学カリキュラム」第三次改訂	大学共通第一次学力試験実施 養護学校の義務化
1980	昭和 55	4 月 有害廃棄物処理施設設置	
1982	昭和 57	4 月 データステーション設置	
1983	昭和 58	3 月 臨時情緒障害児教育教員養成課程廃止	
1984	昭和 59	7 月 放射性同位元素総合実験施設設置	臨時教育審議会設置（～ 1987 年まで）
1986	昭和61	4 月 中等教育教員養成課程職業科専攻の学生募集停止	
1987	昭和 62	5 月 小金井農場を改組し、附属野外教育実習施設設置	
1988	昭和 63	3 月 教育専攻科の書道専攻廃止 4 月 国際文化教育課程（K 類）、人間科学課程（N 類）、情報環境科学課程（J 類）、芸術課程（G 類）設置、教員養成課程を「教育系」、新課程を「教養系」と呼称 カリキュラム改訂	教育職員免許法改正 単位制高等学校発足
1989	昭和 64／平成元	12月 データステーションを改組し、情報処理センター設置	学習指導要領（小・中）第五次改訂、同（高）第六次改訂 初任者研修制度実施
1990	平成 2	4 月 教育系カリキュラム改訂	大学入試センター試験実施 生涯学習振興法公布
1991	平成 3	4 月 聾学校教員養成課程、養護学校教員養成課程、言語障害児教育教員養成課程を障害児教育教員養成課程に改組	
1992	平成 4	4 月 大学院教育学研究科に「教養系」新課程に対応する 15 の修士講座を創設、学術修士学位を新設	学校週 5 日制実施
1993	平成 5	11月 留学生教育研究センター設置	
1994	平成 6	6 月 附属野外教育実習施設を附属環境教育実践施設に改組・改称	高等学校「総合学科」設置

西暦(年)	和暦(年)	本学関係の動き	教育行政・教育界の動き
1995	平成 7	4 月「東京学芸大学カリキュラム」第四次改訂	
1996	平成 8	4 月 大学院連合学校教育学研究科（学校教育学専攻）博士課程設置	
1997	平成 9	4 月 大学院教育学研究科に総合教育開発専攻（夜間課程）設置、昼夜開講制開始 附属教育実践総合センター設置（附属教育工学センターおよび附属教育実習研究指導センターを改組・拡充）	
1998	平成 10	4 月 留学生センター設置	学習指導要領（小・中）第六次改訂
1999	平成 11	3 月『東京学芸大学五十年史』刊行	学習指導要領（高）第七次改訂
2000	平成 12	4 月 教育系を、従来の A 類と E 類を統合して、初等教育教員養成課程（A 類）、B 類と D 類を統合して中等教育教員養成課程（B 類）に再編し新たに障害児教育養成課程（C 類）を設置 教養系を、生涯学習課程（L 類）、人間福祉課程（N 類）、国際理解教育課程（K 類）、環境教育課程（F 類）、情報教育課程（J 類）、芸術文化課程（G 類）の 6 課程に再編 教員養成カリキュラム開発研究センター、現職教員研修支援センター設置	
2001	平成 13		文部科学省（文科省）発足
2002	平成 14	4 月 海外子女センターを国際教育センターに改称	
2003	平成 15	11月 辟雍会（東京学芸大学同窓会）設立	国立大学法人法施行
2004	平成 16	4 月 国立大学法人東京学芸大学発足 附属特殊教育研究施設・附属教育実践総合センターを教育実践研究支援センターに改組、改称 大学の法人化に伴い、東京学芸大学附属世田谷小学校、東京学芸大学附属世田谷中学校、東京学芸大学附属高等学校、東京学芸大学附属幼稚園竹早園舎、東京学芸大学附属竹早小学校、東京学芸大学附属竹早中学校、東京学芸大学附属幼稚園小金井園舎、東京学芸大学附属小金井小学校、東京学芸大学附属小金井中学校、東京学芸大学附属大泉小学校、東京学芸大学附属大泉中学校、東京学芸大学附属高等学校大泉校舎、東京学芸大学附属養護学校にそれぞれ改称	
2006	平成 18		教育基本法改正・施行
2007	平成 19	4 月 教育系として養護教育教員養成課程（D 類）設置 教養系を人間社会科学課程（N 類）、国際理解教育課程（K 類）、環境総合科学課程（F 類）、情報教育課程（J 類）、芸術スポーツ文化課程（G 類）の 5 課程に再編 障害児教育教員養成課程を特別支援教育教員養成課程（C 類）に改称 附属大泉中学校と附属高等学校大泉校舎を統合・再編して、東京学芸大学附属国際中等学校を開設 東京学芸大学附属特別支援学校に改称	学校教育法改正（盲・聾・養護学校の特別支援学校への一本化）
2008	平成 20	4 月 教職大学院設置	学習指導要領（小・中）第七次改訂
2009	平成 21		教員免許更新制度開始 学習指導要領（高）第八次改訂、同（特）初公示
2011	平成 23	4 月 環境教育実践施設を環境教育研究センターに改称 10月 理科教員高度支援センター設置	

西暦(年)	和暦(年)	本学関係の動き	教育行政・教育界の動き
2012	平成 24	4 月 大学史資料室開室	
2013	平成 25	3 月 教員養成開発連携センター設置	
2014	平成 26	4 月 学生支援センター設置	
2015	平成 27	4 月 教養系を教育支援課程（E 類）1 課程に再編し、従来の教育系を学校教育系、教養系を教育支援系と改称	学習指導要領一部改訂（特別の教科・道徳）
2019	平成 31／令和元	4 月 大学院教育学研究科再編（修士課程における教員養成機能の教職大学院への移行、修士課程の教育支援人材養成の高度化を図る課程へ） 情報処理センターを ICT センターに改称 教員養成カリキュラム開発研究センターを次世代教育研究センターに改称 特別支援教育・教育臨床サポートセンター、教育インキュベーションセンター設置	
2021	令和 3	4 月 こどもの学び困難支援センター、高校探究プロジェクト設置	大学入学共通テスト実施
2022	令和 4	4 月 次世代教育研究センター、国際教育センター、教員養成開発連携センター、高校探究プロジェクトを統合し、先端教育人材育成推進機構設置	
2023	令和 5	創基 150 周年	

参考文献一覧

・阿部猛「自信喪失の半世紀」永原慶二・中村政則編『歴史家が語る戦後史と私』吉川弘文館、一九九六年
・阿部猛編『太平洋戦争と歴史学』吉川弘文館、一九九九年
・伊ヶ崎暁生・土屋基規編『未来の教師　教育系学生と全教ゼミナール運動』労働旬報社、一九七八年
・伊ヶ崎暁生・山崎真秀・土屋基規『教育系学生の思想と行動(上)(下)』明治図書出版、一九六九年
・岩田康之『「大学における教員養成」の日本的構造：「教育学部」をめぐる布置関係の展開』学文社、二〇二二年
・大阪第二師範学校昭和二十一年予科入学同期会『古希記念誌五月山』二〇〇二年
・小澤一郎『東京学芸大学附属学校園　校名改称の年譜』東京学芸大学附属学校運営部附属学校支援室、二〇一二年
・金子真理子「「大学における教員養成」の原点—創成期の東京学芸大学の営みに注目して—」東京学芸大学大学史資料室『東京学芸大学大学史資料室報』Vol.8、二〇二一年
・金子真理子「創成期の東京学芸大学における学生生活—卒業生の語りをもとに」東京学芸大学大学史資料室『東京学芸大学大学史資料室報』Vol.9、二〇二二年
・金子真理子・早坂めぐみ「創成期の東京学芸大学と学生生活：学生対象質問紙調査から見えてくるもの」『東京学芸大学紀要　総合教育科学系』71、二〇二〇年
・記念事業実行委員会編『東京府豊島師範学校創立八十周年東京第二師範学校女子部開校四十五周年記念　撫子八十年』撫子会、一九八八年
・木暮絵理「鈴木禹志さん聞き取り調査報告」東京学芸大学大学史資料室『東京学芸大学大学史資料室報』Vol.7、二〇二〇年
・桜井芳朗追悼録刊行会『桜井芳朗追悼録』一九六九年
・『師範教育を想う』特別委員会編『師範教育を想う　東京府豊島師範学校創立九十周年・東京第二師範学校女子部創設五十五年記念』撫子会、一九九七年
・清水康幸『野間教育研究所紀要第42集　教育審議会の研究　師範学校改革』野間教育研究所、二〇〇〇年
・陣内靖彦『日本の教員社会—歴史社会学の視野』東洋館出版社、一九八八年
・総理府統計局『家計調査年報　昭和32年』一九五八年
・土屋基規『戦後日本教員養成の歴史的研究』風間書房、二〇一七年
・壺井栄『二十四の瞳』角川文庫、二〇〇七年
・津留宏『教員養成論』有斐閣、一九七八年

・ＴＥＳＳ研究会編『「大学における教員養成」の歴史的研究』学文社、二〇〇一年
・東京学芸大学『学生生活実態調査報告』一九五九年
・東京学芸大学『学生の生活意識調査　昭和55年度』
・東京学芸大学『学生の生活意識調査―昭和55年度入学者の4年間―昭和59年度』
・東京学芸大学『新入学学生に関する調査　昭和31年度』
・東京学芸大学『新入学学生に関する調査　昭和32年度』
・東京学芸大学『大学案内』二〇一二～二〇二二年
・東京学芸大学『東京学芸大学カリキュラム』一九五二年
・東京学芸大学学獅会『学獅』創刊号、一九九三年
・東京学芸大学学獅会広報局『学獅スポーツ』一号、一九九二年
・東京学芸大学学生生活研究会『教師への道―東京学芸大学における沈滞現象の実証的探究』一九六四年
・東京学芸大学学生部学生課『新入生に関する調査　昭和54年度』
・東京学芸大学学生部学生課『新入生に関する調査　昭和61年度』
・東京学芸大学教育学部附属小金井中学校五十周年記念企画委員会編『五十年のあゆみ　創立五十周年記念』一九九七年
・東京学芸大学教育学部附属幼稚園『小金井園舎二〇年のあゆみ』一九七七年
・東京学芸大学教職大学院『東京学芸大学教職大学院10周年記念誌　教職大学院10年の歩みとこれから』二〇一九年
・東京学芸大学教務補導部広報紙編集委員会『東学大キャンパス通信』第54～66号、一九七七～一九七八年
・東京学芸大学学生部広報紙編集委員会『東学大キャンパス通信』第67～126号、一九七九～一九八九年
・東京学芸大学学生部『キャンパス通信』第127～168号、一九八九～一九九八年
・東京学芸大学学務部『キャンパス通信』第169～195号、一九九八～二〇〇六年
・東京学芸大学小金井祭実行委員会『第17回小金井祭』一九六九年
・東京学芸大学小金井祭実行委員会『第28回小金井祭』一九八〇年
・東京学芸大学新聞会『東京学芸大学新聞』第161号、一九七〇年
・東京学芸大学創立五十周年記念誌編集委員会編『東京学芸大学五十年史　通史編』東京学芸大学創立五十周年記念事業後援会、一九九九年
・東京学芸大学創立五十周年記念誌編集委員会編『東京学芸大学五十年史　資料編』東京学芸大学創立五十周年記念事業後援会、一九九九年
　陣内靖彦「序章　時代と社会背景」
　濱田博文「第一章　第一節　教育界と東京学芸大学」
・東京学芸大学大学史資料室『東京学芸大学大学史テキスト』二〇一八年
・東京学芸大学二十年史編集委員会編『東京学芸大学二十年史―創基九六年史』東京学芸大学創立二十周年記念会、一九七〇年
・東京府大泉師範学校同窓会　東京第三師範学校同窓会　東京学芸大学東京第三師範学校同窓会『創立60周年記念誌』一九九九年

・東京学芸大学附属高等学校大泉校舎『大泉校舎38年の歩み』二〇一二年
・東京学芸大学附属世田谷小学校編『わが校の九十年のあゆみ』一九六六年
・東京学芸大学附属世田谷小学校編『百年の回想　創立百周年記念誌』一九七六年
・東京学芸大学附属世田谷小学校『育ちゆく子どもたち　創立百十周年記念誌』一九八六年
・東京学芸大学附属世田谷小学校『自分の学びに自信がもてる子ども』東洋館出版社、二〇一八年
・東京学芸大学附属竹早小学校編『附属竹早小学校創立八十周年記念誌』一九八〇年
・東京学芸大学附属竹早小学校編『創立九十周年記念誌』一九九一年
・東京学芸大学附属養護学校『若竹四十年』一九九四年
・東京学芸大学附属幼稚園『目をそらさないで』学習研究社、一九八四年
・東京学芸大学附属幼稚園竹早園舎『竹早園舎の百年　今も昔も…』二〇〇五年
・東京学芸大学留学生センター『留学生センター20年の歩み』二〇一九年
・東京第一師範学校『大學に於ける教育學科のカリキュラム―東京第一師範學校案』一九四六年
・東京第一師範同窓会編『師範教育百二十年のあゆみ』日本教育新聞社出版局、一九九〇年
・日本教育経営学会編『日本教育経営学会紀要第32号 新「免許法」と教育経営の諸問題』第一法規出版、一九九〇年
・日本教育大学協会『会報』第70号、一九九五年六月、第92号二〇〇六年三月
・丹羽健夫「教員養成系大学再編私案」『論座』五月号、朝日新聞社、二〇〇二年
・船寄俊雄『近代日本中等教員養成論争史論』学文社、一九九八年
・文部省『学制百年史 資料編』帝国地方行政学会、一九七二年
・山田昇『戦後日本教員養成史研究』風間書房、一九九三年

東京学芸大学の歴史をもっと知るために……

東京学芸大学大学史資料室

東京学芸大学大学史資料室（以下、資料室）は、本学の歴史と社会的役割を明らかにし、本学の教育・研究活動に貢献することを目的とし、東京学芸大学およびその前身校である東京府の各師範学校の歴史や教育・研究活動等に関する各種資料の調査・研究、収集・保存、公開・閲覧、展示等の活動を行っている。附属図書館三階に閲覧席・展示スペースがあり、展示スペースでは四～一二月に師範学校・東京学芸大学に関する常設展示を行っている。

資料室では、東京府の各師範学校およびその同窓会関係資料、年史編纂事業等を通じて収集・整理を行った師範学校および東京学芸大学関係資料などを所蔵し、資料室のウェブサイトにて目録を公開しており、予約申込制で資料の閲覧を行っている。

東京学芸大学の歴史・資料に関する公開ウェブサイト・コンテンツ

・東京学芸大学大学史資料室ウェブサイト
https://www.u-gakugei.ac.jp/shiryoshitsu/
資料室所蔵資料の目録を公開。資料閲覧の利用方法はこちらから。機関誌『東京学芸大学史資料室報』も公開中。資料室で運営している他のウェブサイトへもアクセス可能。

・東京学芸大学大学史資料室 Web ギャラリー
https://www.gakugeiarchives.com/
資料室所蔵の資料画像や動画等デジタル資料を公開。「今月の學藝アルバム」や大学の歴史ほか、キャンパスツアーやウェブ展示「東京学芸大学の歩み　その前身と今」などの動画も公開。

・東京学芸大学教育コンテンツアーカイブ
https://d-archive.u-gakugei.ac.jp/
東京学芸大学の教育・研究活動成果としてのデジタル資源（デジタル画像、動画等）を収集・公開するプラットフォーム。学校教員のための研修動画をはじめ、附属図書館特別コレクション、大学の歴史資料「東京学芸大学アーカイブ」「師範学校アーカイブ」などを収録。

・師範学校アーカイブズ
https://archives.u-gakugei.ac.jp
近代日本の教員養成史研究の基盤整備のために、全国の各大学図書館が所蔵している戦前の日本の師範学校に関する資料をデータベース化したもの。師範学校に関する資料を大学横断的に検索可能。

執筆者一覧（五十音順）

岩田 康之　先端教育人材育成推進機構 次世代教育研究グループ教授
第一部Ⅰ、第三部はじめに、Ⅶ-1、Ⅸ-1・2

牛木 純江　大学史資料室専門研究員
第一部Ⅱ、第二部Ⅴ-1・2・4、Ⅴ-コラム、資料編

金子 真理子　先端教育人材育成推進機構 次世代教育研究グループ教授
第二部Ⅳ-1～3

川手 圭一　人文社会科学系 歴史学分野教授
第三部Ⅵ-5、あとがき

君塚 仁彦　総合教育科学系 生涯教育学分野教授
第二部Ⅴ-3・5・6、第三部Ⅶ-2、Ⅷ-4、Ⅸ-3

小嶋 茂稔　人文社会科学系 歴史学分野教授
第一部Ⅲ、第三部Ⅵ-1～4、Ⅷ-1～3

日高 智彦　人文社会科学系 社会科教育学分野准教授
第二部Ⅳ-4、Ⅳ-コラム

編集協力
瀬川 結美　総務部学術情報課

東京学芸大学 150 年の歩み　1873-2023

2023 年 6 月 30 日　第一版第一刷発行

編　者　国立大学法人 東京学芸大学

発行者　田中　千津子

発行所　株式会社 学 文 社

〒153-0064　東京都目黒区下目黒3-6-1
電話　03 (3715) 1501 (代)
FAX 03 (3715) 2012
https://www.gakubunsha.com

Printed in Japan　印刷　新灯印刷 (株)

ISBN978-4-7620-3245-5